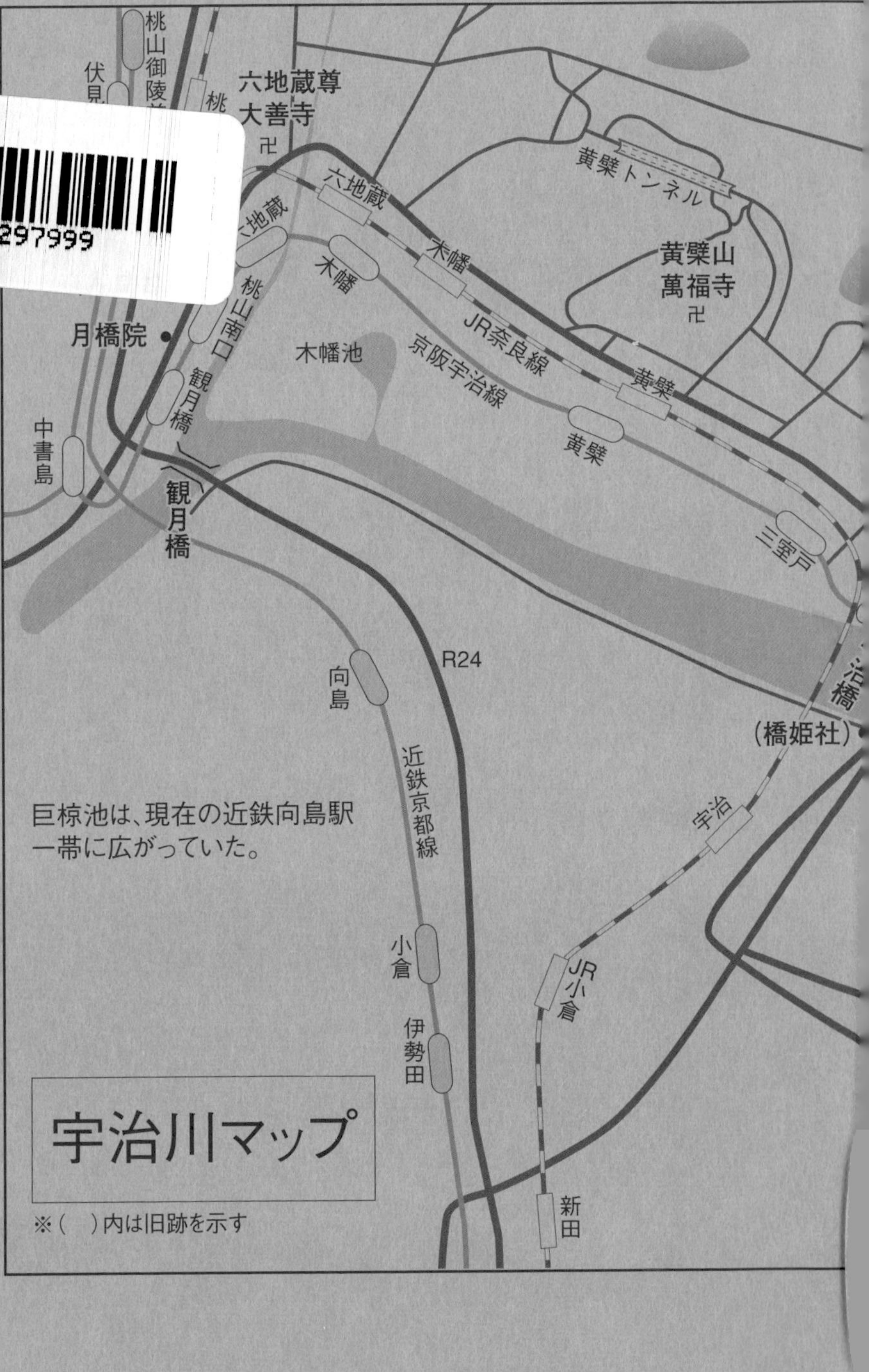

桃山御陵
桃
六地蔵尊
大善寺
六地蔵
黄檗トンネル
黄檗山
萬福寺
木幡
木幡
JR奈良線
桃山南口
月橋院
木幡池
京阪宇治線
黄檗
観月橋
黄檗
中書島
観月橋
三室戸
R24
(橋姫社)
向島
近鉄京都線
巨椋池は、現在の近鉄向島駅
一帯に広がっていた。
宇治
JR小倉
小倉
伊勢田
新田
宇治川マップ
※(　)内は旧跡を示す

京都 宇治川探訪

絵図でよみとく文化と景観

鈴木康久
西野由紀
編

人文書院

目次

III　宇治川をめぐって

I　宇治川　悠久の歴史から

のびる川・ダムの川

琵琶湖に源を発し、山間部を南へ西へと流れていた川は、やがて北へと向きを変える。天ケ瀬《あまがせ》ダムで一気に高度を下げると、まもなく景色はひらけ京都盆地へ。宇治橋を経て、川幅が広がった流れはゆったりとほぼ真北をめざす。伏見桃山の緑が近づいてきたあたりで最後の方向転換を果たし、あとはひたすら西へ。北に天王山、南に男山の姿が水面に映りはじめると、しだいに桂川《かつらがわ》・木津川《きづがわ》も近づいてきて、京都府と大阪府の境界付近で流れはひとつになり淀川に。現在の宇治川の姿である。

こうした山や川といった大自然は、そう大きく変動することはない。われわれ現代人は、無意識のうちに、こうした先入観にとらわれてしまっているようだ。ところが、その歴史を長い目で見てみると、少なからぬ変化を読みとることができる。宇治川の場合、そのもっとも大きなものは、川そのものの距離がのびたことと、ダムができてその流れのかなりの部分が人造湖となったこと、の二点である。

川がのびる。こうした現象は、河口付近ではさほどめずらしいことではない。河川自身が運んだ土砂によって三角州が発達したり、人工的な埋め立て工事などにより海岸が後退し、川は海へ向かってのびていく。淀川はもとより、各地で広くみられる現象である。ところが、内陸部に位置する宇治川の距離がのびる。その理由は、京都盆地の真ん中に巨椋江《おぐらえ》が広がり、河口部と同様の条件がそろっていたからである。

『万葉集』の歌に「もののふの八十氏《やそ》（宇治）川」とある。「もののふ」は宇治の枕詞、八十は具体的な数をしめすのではなく、たくさんの意。おそらく宇治橋の下流から、現在の北への流れのほかに、

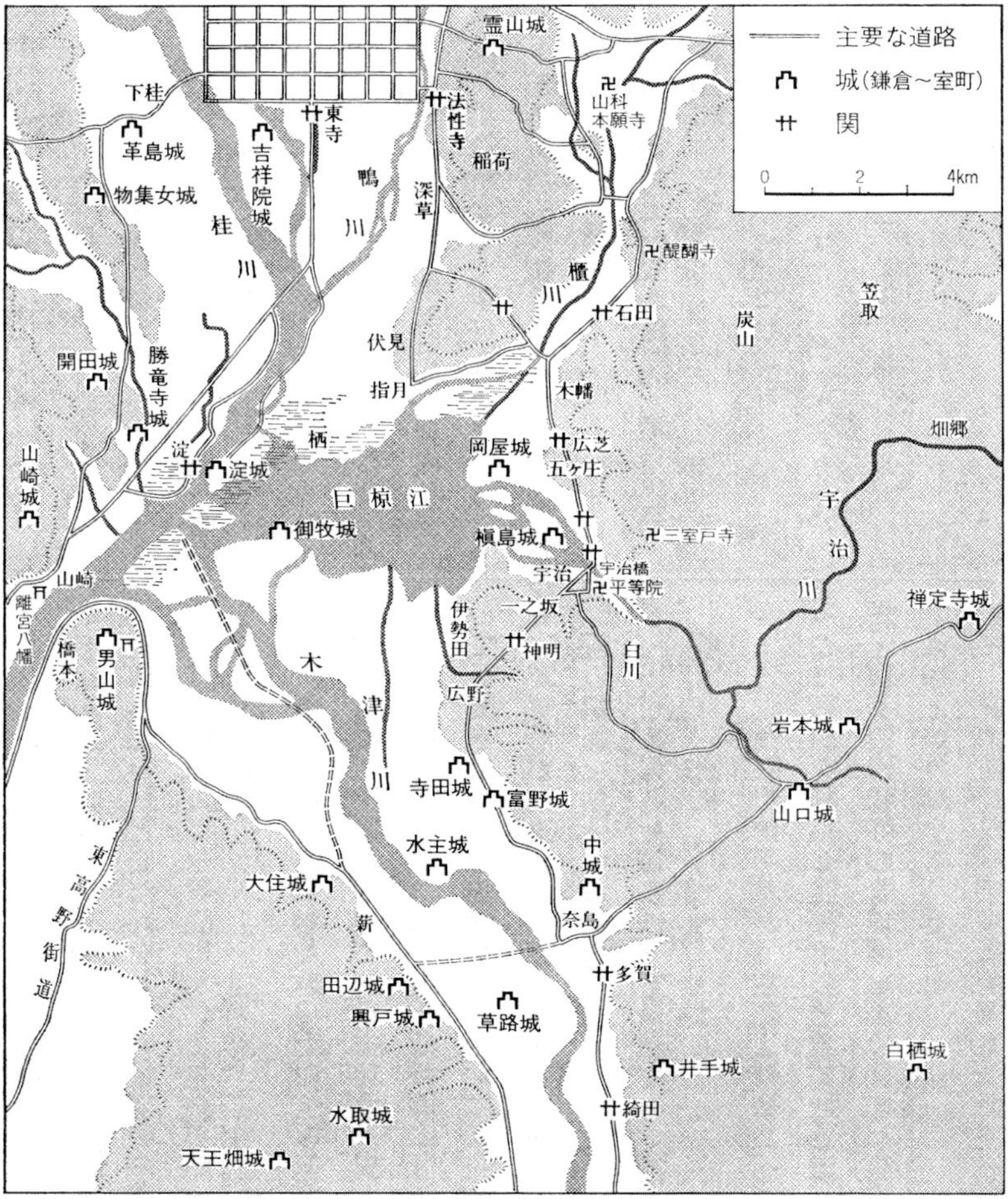

京都盆地中央にひろがる巨椋江（『宇治市史年表』より）

西あるいは西北方向への流れも見られたであろう。それぞれの流れはさらに枝分かれして数を増していく。

後の巨椋池《おぐらいけ》のイメージと混同しやすいため注意が必要なのだが、巨椋江は広大な水面が一面にひろがっていた、というわけではない。前頁地図がしめす姿は、増水時に遊水池が最大限に広がる範囲で、普段は大小多くの中洲が点在していたとみてよいだろう。そうした光景が「八十氏川」のイメージを育んだのだ。

安土桃山時代、天下統一を果たした豊臣秀吉は、居城を伏見と定めて城下町を整備するとともに、周辺地域の大改造に乗りだす。伏見の対岸、向島と宇治を堤防で結び、川の流れを一本化し、舟運で利用される水路を固定、さらに向島《むかいじま》からほぼ真南の小倉に向かって堤を築き、その上を街道とした。これにより、これまでかならず宇治を経由せざるをえなかった、京都・伏見と奈良を結ぶルートが短絡される。秀吉は、みずからの城下を水陸交通の拠点へと変貌させたのである。

巨椋江と分離された宇治川は距離がのびて、淀城の北側で桂川と合流することになった。その後約三百年間大きな変化もなく時がすぎたが、一八九七（明治三〇）年以降の淀川改良工事により、川はさらにのびてほぼ現在の姿となる。

一方、この川でダムといえば、一九六四（昭和三九）年に完成した天ヶ瀬ダムを連想される方が大部分であろう。天ヶ瀬ダムは、川の流量を調節して洪水を未然に防止する治水と、たくわえられた水を発電と上水道に活用する利水、これら三つの事業を目的とする「多目的ダム」として建設された。

しかしながら、宇治川にとってこれがはじめてのダムというわけではない。さかのぼること四十年、

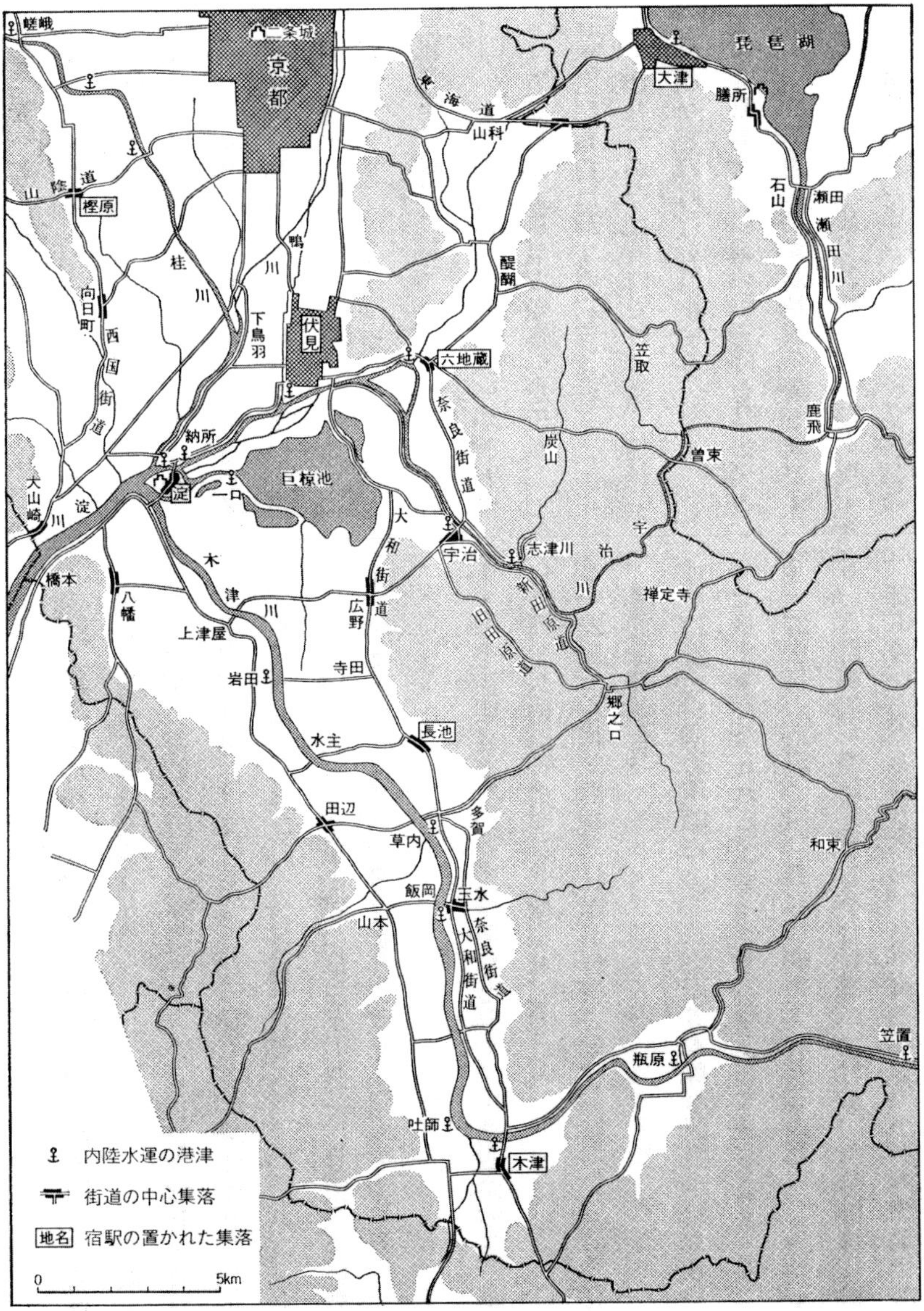

豊臣秀吉による大改造後の巨椋池とその周辺（『宇治市史年表』より）

竣工まもないころの宇治発電所（明治末期の絵はがき）

一九二四（大正一三）年竣工の大峯堰堤（ダム）こそがその第一号である。せき止めた水をトンネルで下流、現在の天ヶ瀬ダム付近にあった志津川発電所へ送り、この間の落差を利用して電気をつくりだした。そして宇治川の水力発電は、さらにさかのぼること十一年、一九一三（大正二）年竣工の宇治発電所がそのはじまりである。一九二七（昭和二）年には堰堤横に大峯発電所も完成、これら三つの発電所が生み出す電力は常時四万二〇〇〇キロワットにおよび、近畿における水力発電量の四割を占めるにいたった。この時期、宇治川は電力を生み出す川でもあった。

川と橋

『万葉集』には、宇治の地名が登場する歌が十八首載せられている。そのほとんどが「宇治川」「宇治の渡り」を読みこんでいる。当時この国の中心であった大和の人びとにとって、この地は川を渡る地点として広く認識されていた。先にみたように当時京都盆地の真ん中には広大な遊水池が広がり、ここを陸路で南北に移動しようとすると、川幅が比較的狭くなった両端を渡る以外にすべはない。東は現在の八幡《やはた》・大山崎あたり、西は宇治付近である。なかでも当地は、大和から山背（後の山城）・近江を経て、東の東山道、北の北陸道にいたるルートの一部を構成していた。

不可解なのは、『万葉集』の歌に宇治橋が登場しないことである。はじめて橋が架けられたのが、大化二（六四六）年と伝えられるから、万葉びとが利用しないはずはないのだが。この謎を解くには、ふたたび現代人の感覚から離れる必要があるようだ。一般に現在の橋は、河川の増水により通行禁止の処置がとられることがあっても、流されることはまずない。それに対して当時の木造の橋はよくもって十数年程度、洪水があればひとたまりもなかったという。宇治川は、宇治橋付近の標高約一〇メートルに対し、琵琶湖の湖面は約八〇メートルであった。増水時、水は国境の渓谷を一気に下り宇治にいたる。どうせ流されてしまうならと、橋が流失したまま長期間放置されることもあったにちがいない。こうした状況が、『万葉集』所載の歌に反映したようだ。

橋合戦を描く錦絵（宇治市歴史資料館蔵）

戦いの川・祈りの川

治承四（一一八〇）年五月二六日、平家打倒を掲げて挙兵した以仁《もちひと》王・源頼政の一行は、三井寺の勢力を頼むも支援を断られる。やむなく奈良興福寺へと向かう途中、宇治平等院で休息する間に追討軍が迫り、宇治川をはさんで戦いがくり広げられた。なかでも宇治橋をめぐる攻防は、『平家物語』「橋合戦」にドラマチックかつ

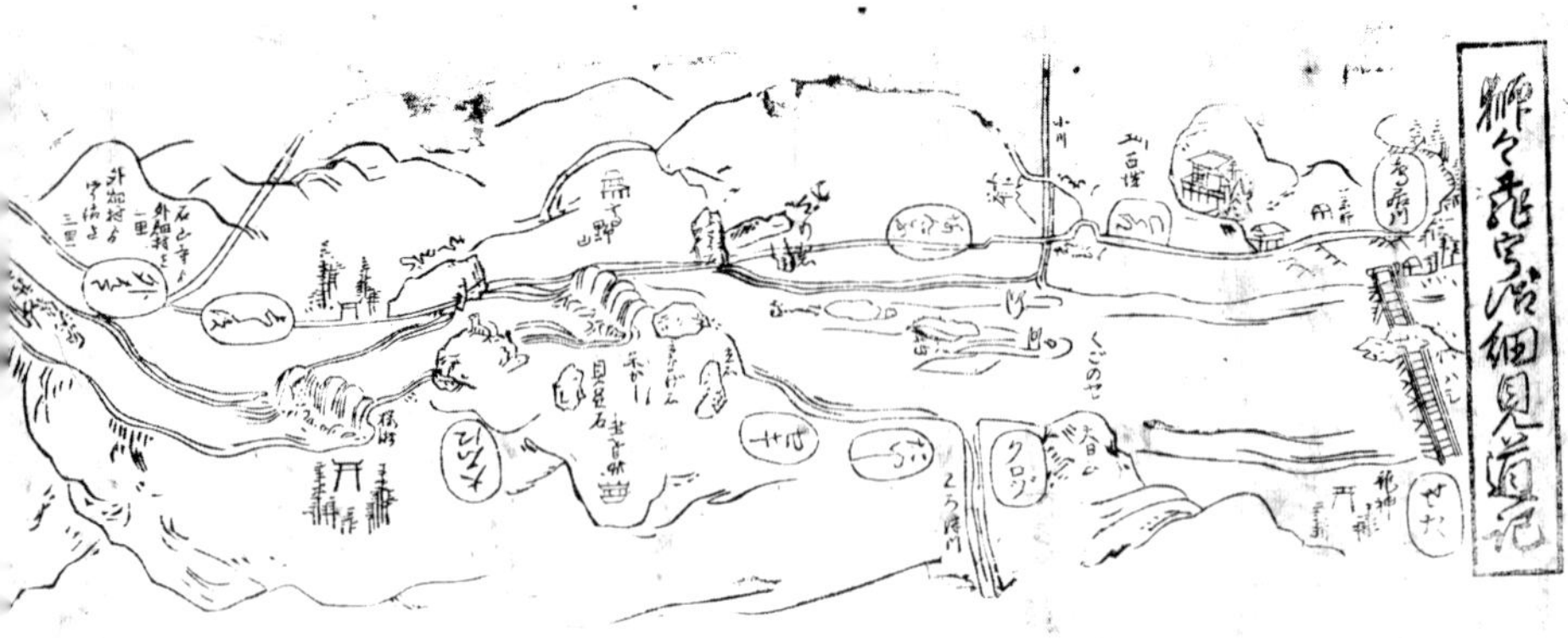

斗館蔵）

華やかに描かれたため、名場面のひとつとして後の世まで長く親しまれた。

この川は、奈良・京都とながらく都が営まれた地の近郊に位置したため、ほとんど政変のたびごとに戦いの舞台となった。これ以降も、『平家物語』先陣争いの故事で知られる源義経軍の京都侵攻をはじめ、公家政権に対する鎌倉幕府の優位を決定づけた承久の乱や南北朝内乱期、応仁・文明の乱においても宇治橋をめぐる攻防がみられた。実戦にはいたらなかったものの、幕末期の禁門の変に際しては大垣藩兵らが警備にあたったり、関門と屯所が設けられたりするなど、京都が政治的に緊張するたびに注目を集める要衝の地であった。

そんな川の中州に一基の仏塔がそびえ立つ。わが国最大の古石塔、浮島十三重塔である。鎌倉時代の後期、弘安四（一二八一）年南都西大寺の叡尊が宇治を訪れ放生会《ほうじょうえ》を行った。放生会とは殺生禁断の考えから魚や鳥を山野池沼に放し供養する儀式である。彼は大和はもとより畿内一円を精力的にめぐってこの教えをひろめ、その生涯に殺生禁断を果たした地は一三〇〇カ所におよぶという。同時に、彼は平等院の僧たちか

瀬田橋（右端）から宇治橋まで、宇治川上流の名所を紹介する「獅々飛宇治細見道ノ記」（宇治市歴史

ら宇治橋の架橋を要請される。平安時代前期には朝廷により制度化されていた橋の整備も、律令制の崩壊により次第にかえりみられなくなっていた。かわって盛んになるのが、僧侶たちによる橋や港など社会資本の整備事業で、叡尊とその弟子たちもこうした事業に積極的にかかわったことで知られる。この時の要請も彼らの実績に期待したものであったにちがいない。

当初叡尊は、布教活動に専念したいことと、すでに八十歳の高齢であることを理由に断る。が、その後も宇治の人びとからの働きかけが続いたようで、宇治橋周辺の殺生禁断と平行して、架橋事業にも取り組む決意を固めた。弘安九年、叡尊は二百人の僧をしたがえ宇治橋の落成供養にのぞんだ。と同時に橋の川上に小島を築き十三重の石塔を建立した。その下には漁師たちが差し出した漁船と漁具が埋められたと伝える塔は、この川の殺生禁断を祈念したものだったのである。

宇治川ライン

かつてこの流れの上流部には、鹿飛《ししとび》・米漸《こめかし》・不動岩に屏風岩、烏帽子岩といった名所や奇岩がそこかしこにみられ、上図のよ

大峯堰堤と発電所（昭和初期の絵はがき）

うにこれらを紹介する刷り物、今でいうイラストマップも頒布されていた。ただ、道も細く船も通わぬ難所ゆえ、これらを訪れたのはごく限られた人びとで、多くは下流なら宇治、上流なら石山あたりの風光を楽しんで帰るのが一般的であった。

明治の終わりごろ、そんな宇治川に船を通し観光客を呼びこもうと宇治川通船なる会社が設立された。航路を阻む巨岩や漁業権の問題などで計画は難航したが、一九一一（明治四四）年に開通にこぎつける。立木観音下と宇治を結び、途中、鹿飛と八丁坂に寄港。一部上陸して歩かねばならない箇所もあったが五里余を二時間足らずで達したという。立木観音下発が午前一〇時と午後一時の一日二便のみ。どれほどの乗客が利用したかは不明で、しかも二年後の一九一三（大正二）年には、宇治川電気宇治発電所の完成によりかなり減水したというから、あまり長続きしなかったかもしれない。いずれにせよ、一九二四（大正一三）年竣工の第二期工事志津川発電所建設にともなう大峯堰堤の完成により、この区間の航路は完全に断たれた。

一九一三年京阪電鉄宇治線、翌年に大津電車浜大津～蛍谷（現在の京阪電鉄石山寺駅）間が開通、この前後から石山・宇治間を電車、あるいは電車と航路の組合せで結ぼうという動きが活発化してくる。

一九二六年には宇治川汽船が、堰堤により生じた人造湖の外畑・堰堤間にモーターボートを就航させ、開通のチラシに「宇治川ライン」の名をうたった。「ライン」とはドイツのライン川のことである。一九一三年地理学者の志賀重昂《しげたか》が愛知県犬山以東の木曽川の渓谷美を、「ライン川のよう」と讃えたことから日本ラインと呼ばれ、これ以後同様の景勝地がラインと呼ばれるようになった。開通時、航路の前後は徒歩によるしかなかったが、まもなく連絡するバス路線が開通し京都や大阪から直通の切符も販売され観光客でにぎわった。

1955（昭和30）年頃、宇治川ラインを行く遊覧船
（宇治市歴史資料館蔵）

戦後、宇治川ラインの遊覧船と宇治を結ぶ新たな乗り物が登場する。天ヶ瀬・大峯堰堤間を走ったおとぎ電車である。一九五〇（昭和二五）年日本発送電会社（関西電力などの前身）が志津川発電所・大峯堰堤間の資財運搬用に使用していた、延長三・六キロメートルのトロッコ線を遊覧用に改造して京阪電車が運行を開始した。休日などは大人気で、長い待ち時間にしびれを切らした乗客から苦情が寄せられ、係員はまさにうれしい悲鳴をあげたという。

一九五三年九月の台風一三号による宇治川水害では、線路敷が崩れて車両が流失するなど、大きな被害をこうむる。しかしながら、翌春には新型列車が登場し子どもたちの歓

大峯堰堤を背に出発を待つおとぎ電車（高橋弘氏撮影）

声がふたたび宇治川畔の山々にこだまする。ただ、水害は膠着状態にあった新ダム建設計画にも現実味をおびさせることとなる。おとぎ電車復旧から三カ月後の七月、建設省は宇治川防災ダムの建設を決定。おとぎ電車の最終列車が走ったのは一九六〇年五月三一日のことであった。

天ヶ瀬ダムの完成により宇治川ライン航路は延伸する。大峯から天ヶ瀬へ、ダムの位置が下流へと移動した区間、つまりおとぎ電車の部分が航路へと変更されたわけである。ただ、バス停から乗船場まで九〇〇メートルと距離が離れたこと、レジャーの多様化などから乗客は減少の一途をたどり、一九七六（昭和五一）年一一月末の運航を最後に運休。半世紀におよぶ航路の歴史に幕をおろした。

（小嶋正亮）

Ⅱ 絵図からみた宇治川

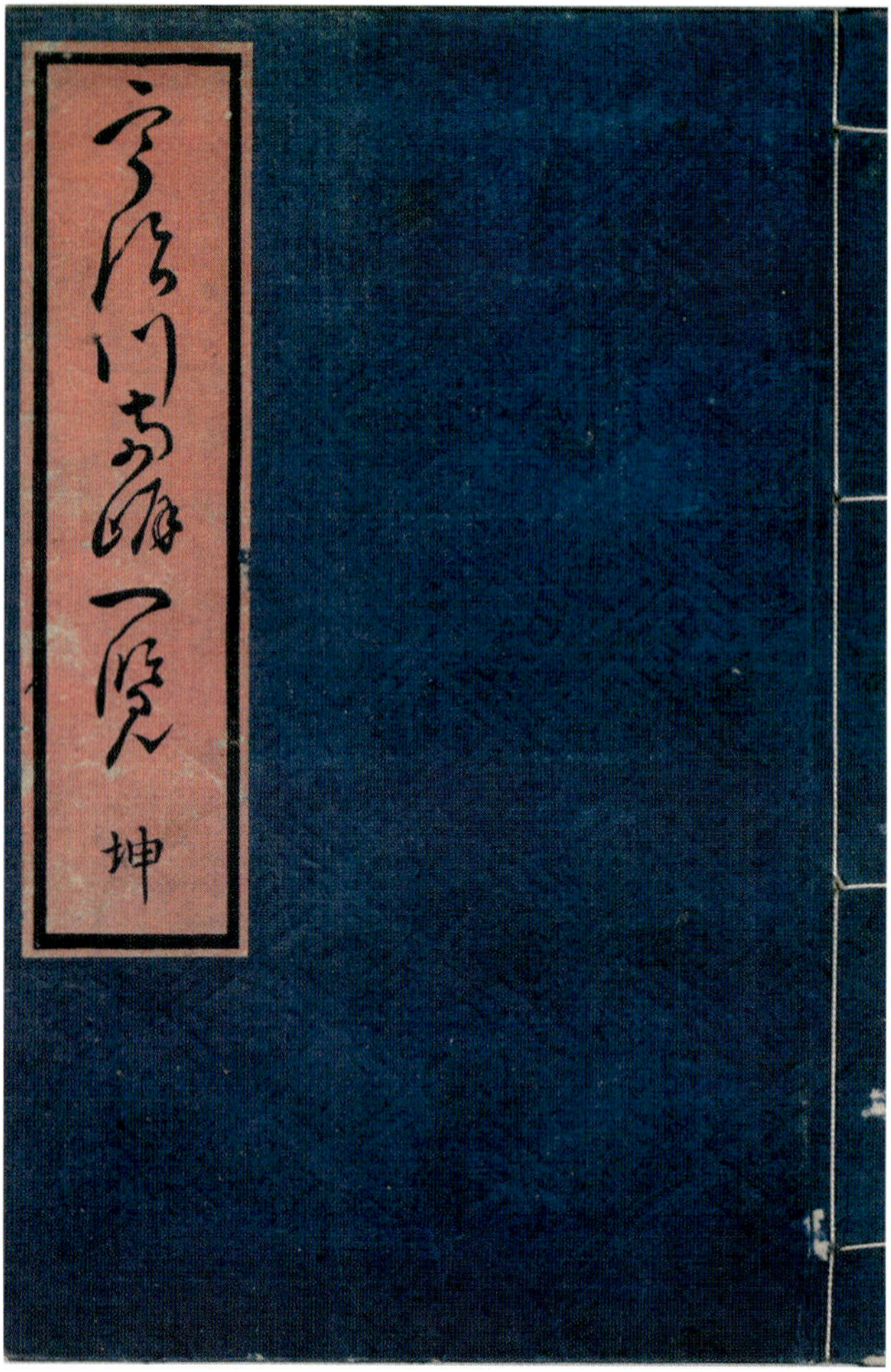

◆『宇治川両岸一覧』という本

『宇治川両岸一覧』は文久三（一八六三）年に刊行された乾《けん》・坤《こん》二冊の名所案内記です。その内容は、本文と三色刷の淡彩画によって構成され、伏見から田原川との合流地点にわたる宇治川両岸に点在する名所を紹介しています。本文を暁鐘成《あかつきかねなる》が、挿絵を松川半山《まつかわはんざん》が、それぞれ担当しました。両名ともに、大坂の人です。

　版元として、三都の書林《しょりん》の名が記されています。書林とは、書物を売ったり、出版したりす

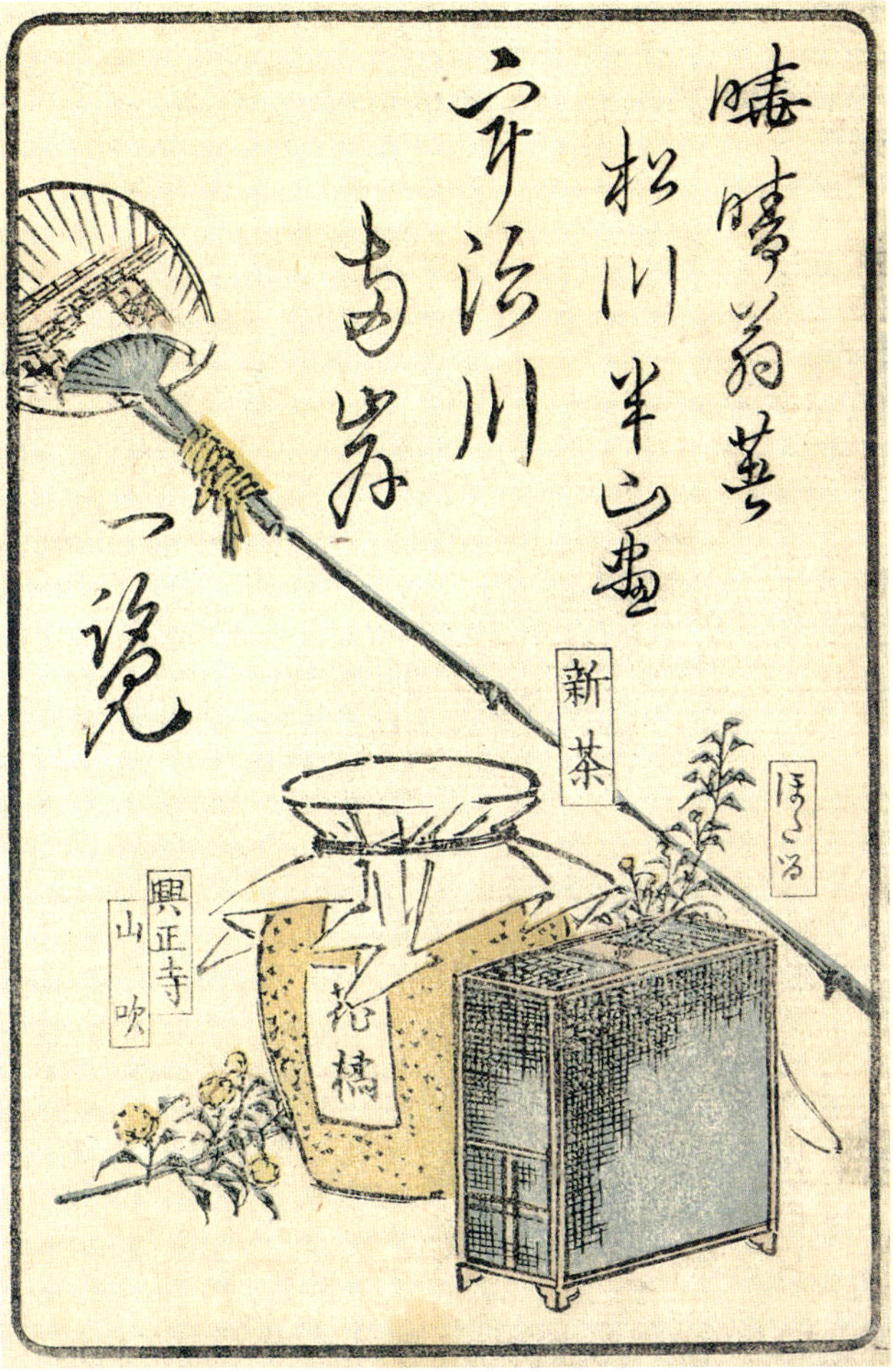

る店のこと。まず、京都の麩屋町通姉小路上ルの俵屋清兵衛《たわらやせいべえ》。次に、江戸の日本橋通二町目の山城屋佐兵衛《やましろやさへえ》。最後に、大阪の心斎橋筋北久太郎町の河内屋喜《かわちやき》兵衛《へえ》。以上三名の連名になっています。このように、江戸時代はいくつかの本屋が同じ本を出版するということは珍しいことではありませんでした。今回、底本として使用した本には版元書林の名のところに朱の押印がみられ、京都で出版されたものであることがわかります。印には「横田」の文字。ちなみに、俵屋清兵衛は本名を横田順宣といい、幕末の勤王家としても知られた人でした。

*

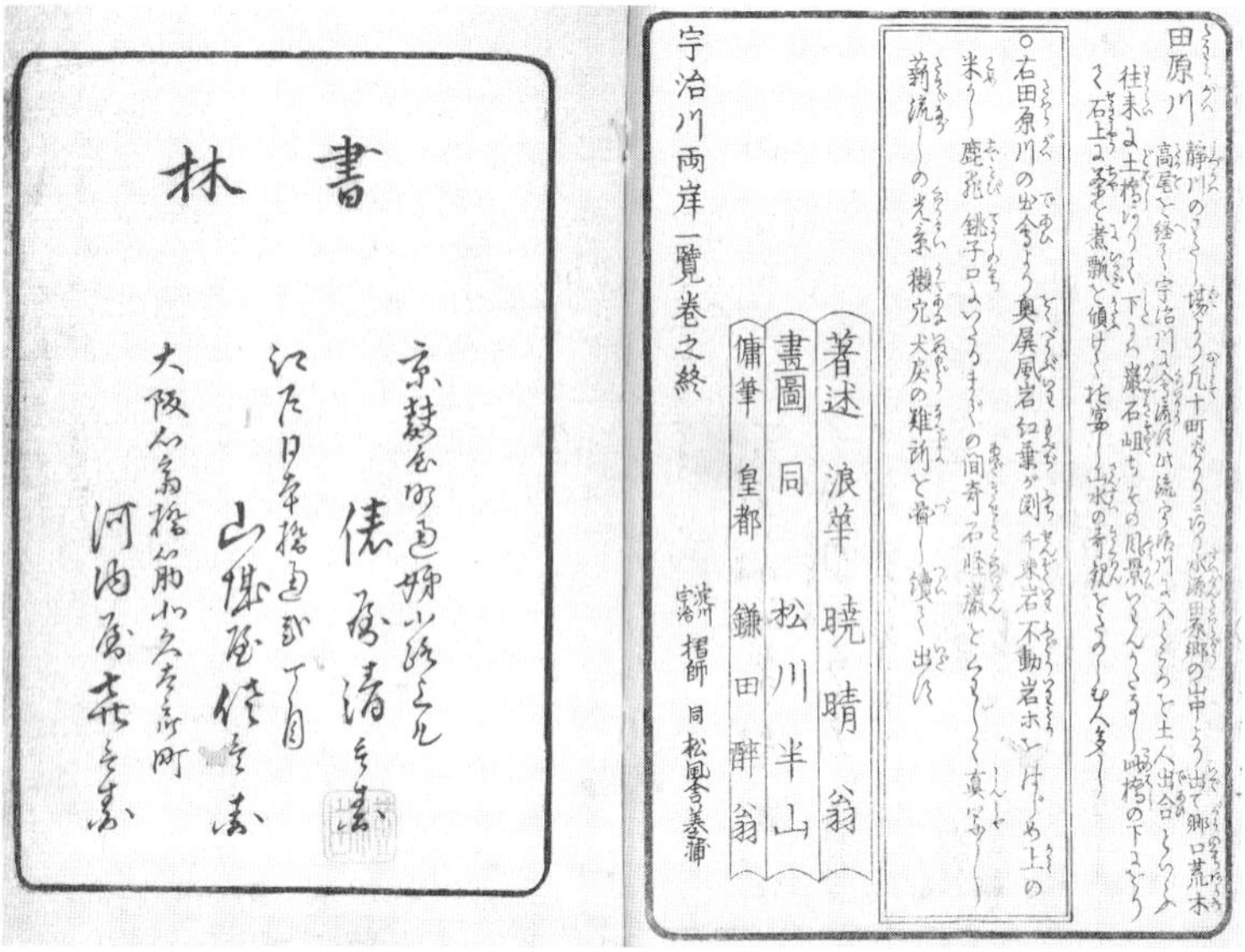

刊記

ところで、江戸時代後期になると、『都名所《みやこめいしょ》図《ず》会《え》』を皮切りに、「名所図会」というタイトルを掲げる本が多数に出版されました。『都名所図会』、『大和名所図会』、『摂津名所図会』、『江戸名所図会』、といった具合に、書名に「名所図会」とあるのが一般的です。なかには「名勝図会」や「巡覧図会」などと題するものもありましたが、内容に大差はありませんでした。各国・各都市や各街道沿いの名所・旧跡について、詳細な説明文と精緻な挿絵とで紹介しているところが、これら「名所図会」群の特徴です。

『宇治川両岸一覧』は「名所図会」という名こそ使われていませんが、ほぼ同じ性質を備えた図書であるといってよいでしょう。例えば、本文。『宇治川両岸一覧』の本文は、安永九年（一七八〇）刊の『都名所図会』や天明七年（一七八七）刊の『拾遺《しゅうい》都名所図会』にある記載を下敷きにしています。ただし、八十年ほどのあいだには、名所の様子が変化してしまうこともあります。そうした場合、あらたな情報に書き改められています。

挿絵については少々事情が異なります。「名所図会」の挿絵は、鳥が空から眺めたような景観を描く鳥瞰図《ちょうかんず》、祭礼行事や歳事などを描く図、故事や説話などを描く図、人びとの日常的な姿を描く図などというように、いくつかのパターンがみられます。それに対して、『宇治川両岸一覧』の挿絵は、限りなく実景に近い構図のもののみで構成されています。淡彩がほどこされているのも、「名所図会」との大きな違いです。

宇治橋　三の間

また、本の大きさも「名所図会」とは異なります。「名所図会」はそのほとんどが美濃本《みのぼん》と呼ばれるサイズ。今日のB5版強の大きさになります。通常、室内で読むための本の大きさで、持ち歩くのには不向きです。それに対して、『宇治川両岸一覧』は半分にあたる中本《ちゅうほん》と呼ばれるサイズです。この大きさであれば、携帯して利用されることがあったと思われます。

＊

『宇治川両岸一覧』という本は、旅人が携帯するのにも適した大きさで、挿絵は実景に近似しているといった特徴をもっています。このことから、江戸時代の人びとにとって、ガイドブックのような役割を担っていたであろうということがわかります。

江戸時代にはあったはずの眺望や名所、名物。いまも残るもの、すでに失われたもの。それらをわたしたちに教えてくれる本が『宇治川両岸一覧』なのです。歴史的な景観の保全が議論される現代、格好の資料として活用することができるのではないでしょうか。

◆扉絵

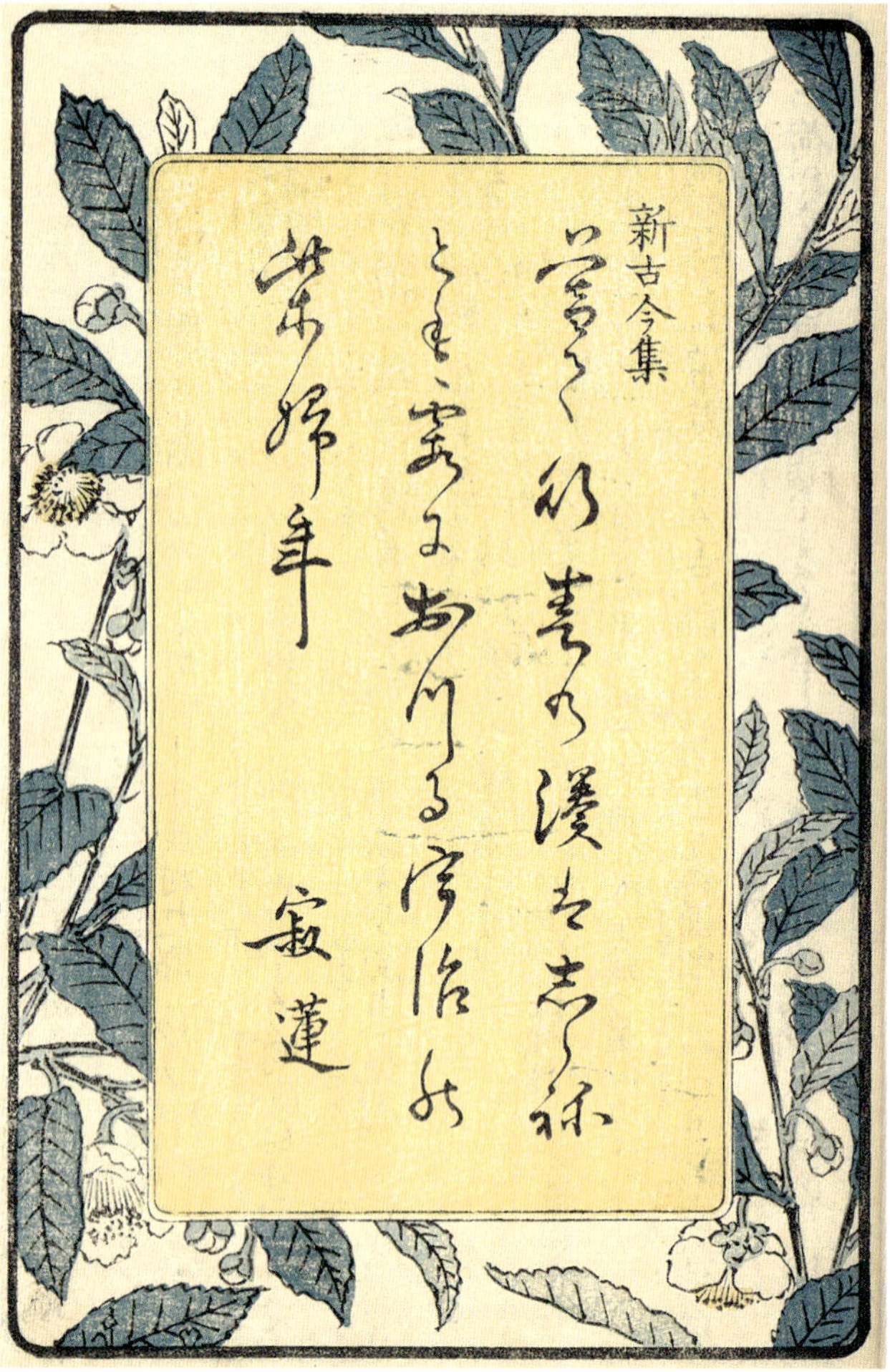

『宇治川両岸一覧』乾の巻は、『新古今和歌集』の寂蓮《じやくれん》法師の和歌ではじまります。

暮《くれ》て行　春の湊は　しらねとも
霞におつる　宇治の柴ふね

和歌の技法に、本歌取りというものがあります。優れた古詩や古歌に使われたことばや発想、趣向などをもとにして、あらたな和歌を作詠するものです。前述の和歌の本歌は、『古今和歌集』の紀貫之の和歌です。

右・寂蓮の歌
左・茶摘み

年ごとに　紅葉ば流す　龍田川
みなとや秋の　とまりなるらむ

寂蓮法師は紅葉の名所の龍田川になぞらえて、宇治川の春を詠んだのです。また、扉の縁を彩っているのは白い椿。春のはなやいだ様子をよく伝えています。

『宇治川両岸一覧』坤の巻は、茶摘みをする宇治の女性の姿を描く挿絵ではじまります。絵をみると、三人の女性が覆下茶園《おおいしたちゃえん》で茶摘みをしているのがわかります。腰掛けているのが年長者でベテラン、左側の女性は眉がありませんから既婚者、右側の女性は花柄の前垂れをしてるのがわかります。絵の右上の発句は槐諷竹《えんじゅふうちく》の作。

新茶古茶　宇治はいそかし
ほと、ぎす

絵の左上の発句は久松粛山《ひさまつしゅくざん》の作。

木かくれて　よめはみられず
茶つみうた

諷竹、粛山、ともに松尾芭蕉の門人で、どちらの句も芭蕉の作品をもとにしています。

木かくれて　茶摘もきくや
子規《ほと、ぎす》

八十八夜は、立春から数えて八十八日目の五月二日。この時期は、旧暦の春と夏の境目ということになります。ですから、茶摘みのころに夏を告げる時《ほと》鳥《とぎす》が鳴くので、このような句が吟じられたのです。

粛山の句に注目してみると、「木かくれ」るのは「よめ」のようです。茶摘

『都名所図会』巻五　宇治の茶摘み

宇治茶摘み（大正・昭和初期の絵はがき）

みの作業はおもに女性の仕事でしたから、姿がみえなくなるかわりに茶摘み歌がきこえてくる、というのです。

『都名所図会』巻五には、宇治の女性たちがこぞって茶摘みに精を出す姿を描く挿絵が収載されています。絵の左側には覆下茶園がみえます。茶園の外では、茶摘みの作業を終えた女性が茶葉でいっぱいになった籠を持ち帰っています。入れ替わりに、湯茶を手にした女性が茶園に向かう。そろそろ休憩の時間なのです。絵の右上、外の茶園で作業をする女性は、炎天下の仕事に少し不満顔。

絵の右上部の解説には次のようにあります。

此里のしづの女《め》、白き手拭をいたゞき、赤き前だれを腰に翻《ひるがへ》して茶園に入り、声おかしくひなびたる哥諷《うたうた》ひて興じけるありさま、陸羽が『茶経』には書遺《かきのこ》し侍る

宇治の女性たちは白い手拭いを頭に、赤い前垂れを腰につけて、茶摘みをしながら歌をうたっていたことがわかります。さらに、絵の左上には前述の芭蕉の句があります。なるほど、なるほど。『宇治川両岸一覧』の扉絵の「本歌」にあたる役割を、この挿絵が果たしているのです。

◆宇治川東岸《うぢがはひがしのきし》

現在の宇治川は淀川水系の一部とされていますが、江戸時代はどうだったのでしょうか。『宇治川両岸一覧』の本文の解説には次のように記されています。

宇治川　水源は近江国琵琶の湖より出て、常々滔々《つねぐたうく》と流れ、石山・黒津を経て山をめぐり、巌に触れて宇治に落《おち》、淀川に入《いる》。

これによれば、琵琶湖を水源とし、上流域を瀬田川《せたがわ》、下流を

1 宇治橋周辺

護岸や山並みは変わることもなく、当時の風情を感じさせてくれる。

宇治川と呼び、やがて木津川《きづがわ》、桂川《かつらがわ》と合流して淀川になると、当時は認識されていたことがわかります。

また、次のようにも記されています。

宇治河は当国第一の大河にして、此《こ》に橋を架《わた》し初しより南方の喉口となる。〔中略〕物かはり星移りて、豊臣の御代には三の間の水を賞じ、霞におつる柴船《しばふね》は山吹の瀬をはやみ、川霧の絶え〴〵に釣る船の波に泛《うか》み、あるは岩間によりて年魚《あゆ》を汲み、河辺に棹さしめぐりて螢の飛びかふを興じ、美景窈窕《ようてう》として、山水は清暉《せいき》をふくみ、虹の影は河流に架す。寔《まこと》に当国南方の奇観なり。

『都名所図会』巻五　宇治川

ここにいう「当国」とは、山城国、つまり京都のこと。宇治は京都南部の交通の要衝であり、かつ景勝地として知られていたことがわかります。「三の間」とあるのは、宇治橋上流側にある張り出しで、川の水を汲みあげるために設けられました。

絵は宇治川の西岸から東岸を眺めたもの。右手が「川上」ですから、左手が川下ということになります。右端の中央部にみえる中州の端には小屋があり、その横に木材が積まれているのがみえます。これは宇治橋の一町半ほど上流にあったといわれる鵜飼瀬《うかいのせ》。現在はありません。おおよそ、いまの塔の島・橋島と宇治橋のあいだにあったこと、『都名所図会』巻五の本文には記されています。

三の間から宇治川を望む

　絵の中央、後方に描かれるのが、朝日山。朝日焼の土を産出することから、茶碗山とも呼ばれています。本文の解説は次のとおりです。

> 離宮八幡、興聖寺《こうしやうじ》などの後山《かうざん》をいふ。宇治川の東にして、此《この》峯より朝日出て春の日の遅々たるを知る。又、中秋にも月を賞して、清光《せいくはう》川の面に照そふけしき、銀色《ぎんしよく》三千界の面影なるべし。朝日の観音堂は山の半腹にあり。

　宇治川西岸から見て、朝日が昇る方角であることからこの名がつけられたという。日のさす朝のみならず、月の夜も絶景であったことがわかります。また、絵の上部、朝日山の中腹にみえるのが観音堂です。

　絵の中央の川岸にみえる一対の燈籠は宇治神社の参道のもので、前述の本文にある「離宮八幡」とはこの神社のこと。左側の石段を上がったところにみえるのが本殿です。石段を上がった右手には小さな鳥居がみえています。

　宇治神社の左側にも、一対の燈籠。この燈籠の脇に、大きな石碑と茶園がみえます。江戸時代の宇治川東岸には、このような茶園が多くあったといわれています。

◆宇治川東岸　其二　橋寺《はしでら》

絵は宇治川の東岸、橋寺付近を描いたもので、中央に「橋寺」の文字がみえます。「橋寺」とは、雨宝山《うほうざん》放生院《ほうじょういん》常光寺《じょうこうじ》のこと。現在では橋寺放生院の名で知られる真言律宗の寺院です。

大化二（六四六）年に元興寺《がんごうじ》の道登《どうとう》が宇治橋架橋に際して創建されたといいますが、くわしいことはわかっておりません。

本文の解説には「本尊地蔵菩薩。開基は道昭和尚なり。其後、興聖菩薩こゝに橋供養し給ふ也」とあり、この寺が交通の要衝で

1

宇治橋周辺

橋寺の周囲には、建物が建ち並び雑然とした感じをうける。

ある宇治橋を守護する役割を担っていたことがわかります。また、「興聖菩薩」とあるのは西大寺の叡尊のことで、弘安九（一二八六）年の宇治橋の架け替えに際してここで橋供養がおこな

われました。宇治橋はその水量の豊かさからしばしば流失し、その都度、架け替えられました。

この寺の本堂の前にあるのが宇治川断碑《だんぴ》で、日本に現存する石碑のなかでは最古のものとされています。寛政三（一七九一）年、下部の三分の二が失われた石碑が発見されました。「断碑」といわれるゆえんです。その後、南北朝時代の歴史書『帝王編年記』にこの銘文が載ることから、残された二十七文字に六十九文字が補足されました。こうして、四言二十四句の文字を刻んだ石碑が復元されたのです。ちなみに、本文の「宇治橋」の項目によると、この碑文が『扶桑略記《ふそうりゃっき》』に載るものとして紹介されています。

絵の右側、中央付近にみえる

宇治名勝 宇治橋寺断碑（大正・昭和初期の絵はがき）

橋寺放生院

のが「橋寺」です。本堂の右手には鐘楼がみえます。現在ではこの鐘楼の付近に前述の宇治川断碑があります。

絵の右端、橋寺参道の脇には、二階建ての茶屋がみえます。宇治川西岸からの眺望は、朝日や月光を愛でるには好都合。ならば東岸はどうか。東岸からは、朝日や月光に照らされた平等院を拝むことができますから、信仰の篤い人にはこちらも捨てがたい絶景の場所だったのです。東岸にある茶屋の階上から西方を臨めば、極楽浄土が眼前にみえる、という趣向。この付近、現在でも民家に混じって茶屋が多くあるのはこの名残なのです。

土佐の儒者である谷重遠《たにしげとお》が宝永元年（一七〇四）五月一七日にこの地を訪れたこと、『東遊草《とうゆうそう》』に記されています。この付近にある茶屋の二階から見た眺望を、重遠は次のように表現しています。

宇治名所　宇治川東岸より上流を望む
（大正・昭和初期の絵はがき）

　宇治川以前のごとくなかれ、
　平等院いちじるく見へたり。
　壮観たぐいなきもの也。

景色を肴に、酒もすすんだことでしょう。

ところで、絵のなかの植物をみると、松の巨木や竹林がそこここにあるのがわかります。現在でもこの地には松や竹が多くみられることから、描かれた風景が当時の宇治川東岸の実景をよく伝えていることがわかります。

宇治川東岸

其三　宇治橋《うぢはし》東岸《ひがしのきし》を望《のぞ》む

絵の中央、左右に架かるのが宇治橋です。左が西で、右が東、つまりこの絵は西南からの眺望ということになります。文人たちが好んで使った茶屋、菊屋萬《まん》碧楼《ぺきろう》の座敷から見える宇治橋の眺めは、おおよそ、この挿絵と同じであったと思われます。

絵の右端に「つうゑん」とあるのは通圓茶屋。この茶屋の初代主人が登場する狂言「通圓」は次のようなあらすじです。

諸国を旅する僧侶が宇治橋のたもとにさしかかったところ、

1　宇治橋周辺

宇治橋と家並み、そして借景の山々が当時の面影を伝えている。

茶屋の前に一碗の茶が献じられていました。不思議に思った僧侶がその理由を尋ねてみると、「むかしむかし、通圓という茶坊主がおって、宇治橋供養の時、人びとに茶を点てて亡くなった」

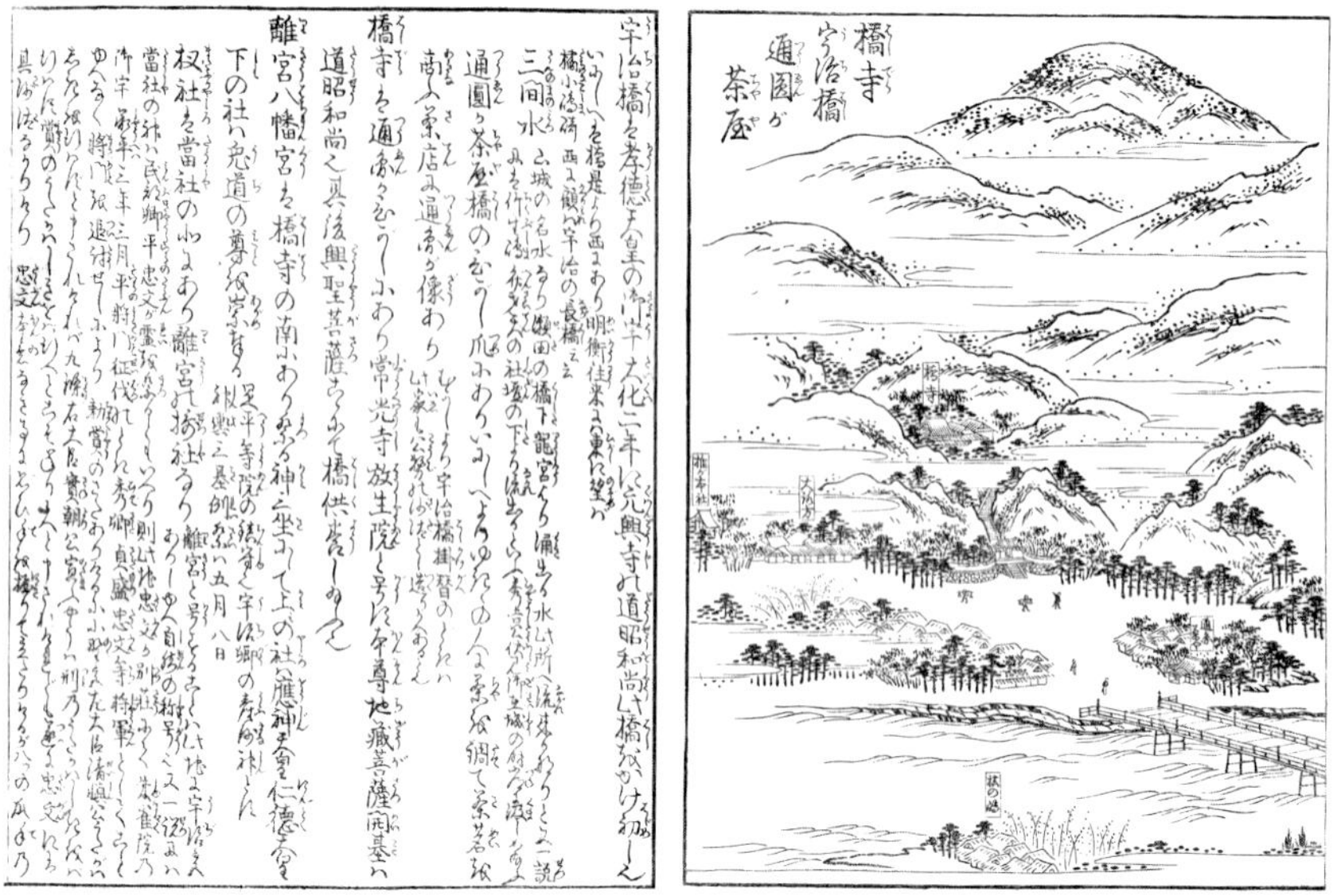

『都名所図会』巻五　橋寺、宇治橋、通園が茶屋

という。また、今日がその茶坊主の命日にあたるので誰かが献茶したのだろう、という。それを聞いた僧侶が念仏を唱えていたところ、茶碗と茶筅《ちゃせん》を手に、茶匙《ちゃさじ》を腰にさした初代通圓の霊が現れます。霊は自分が死んだ時のありさまを僧侶に物語り、やがて消えていきます。

「通圓」は能がかりと呼ばれています。能がかりというのは、能の曲をパロディ化したもの。能との違いを楽しみます。「通圓」のもとになっているのが「頼政」という曲です。「頼政」は次のようなあらすじです。

諸国を旅する僧侶が宇治の里にさしかかったところ、ひとりの老翁が声をかけてきました。そこで、僧侶は老翁に宇治の名所旧跡について尋ねてみると、いろいろな場所を教え、さらに平等院を案内してくれました。すると平等院の庭に扇形に刈られた芝があり、これを見た僧侶は老翁に理由を尋ねます。老翁は源頼政自害の顛末を物語り、自分がその頼政の霊であることを告げ、やがて消えていきます。「頼政」では、源頼政は三百人もの平氏の軍勢に包囲され力尽きますが、「通圓」では、初代通圓は宇治橋供養に訪れた三百人もの人びとに茶を点てつづけ力尽きていくのです。「討ち死」ならぬ、「点て死」、ということです。

宇治名勝　宇治川の清流に懸る宇治橋の景趣
（大正・昭和初期の絵はがき）

絵の右上部の賛の狂歌は江戸照明の作。

ものゝふの　八十うぢ橋の
下になど
二本はさゝぬ　舟長の棹

この狂歌の本歌は『万葉集』の柿本人麻呂の詠歌です。

ものゝふの　八十宇治川の
網代木に
いさよふ波の　行くへ知らず
も

上句の「ものゝふの八十」というのは宇治にかかる枕詞。照明の狂歌はこの「ものゝふ」に刀を二本差す武士の姿をかけて詠じているのです。

絵の左上部には柚木大淳《ゆのきたいじゅん》の狂詩。

曽て応真力に籍り
大に土木の工を鳩む
橋を建て杜預を思ひ
水を品して盧同を問ふ
吟嘯幽人過ぎ
叱叱遺響空し
千年済度を期し
功徳自ら流通す

◆宇治橋西岸《うぢはしにしのきし》　平等院《びやうどういん》を望《のぞ》む

宇治川に架かる橋といえば、宇治橋。この宇治橋について、本文の解説には次のようにあります。

宇治橋の東は宇治郡《うぢごほり》、西は久《く》世郡《ぜごほり》なり。

現在の行政区画では橋の両詰めはともに宇治市ということになりますが、江戸時代、宇治橋は宇治郡と久世郡の境界であったことがわかります。また、次のようにも記されています。

1 宇治橋周辺

周辺の景観にとけ込むように、宇治橋の橋脚や高欄には工夫がなされている。

宇治橋　大路方《をほじがた》より宇治の庄に架す。丑寅より未申に架る。長さ八十三間四尺余、幅三間。其初めは人王三十七代孝徳天皇の御宇《ぎょう》大化二年に、元興寺の道昭和尚これを造ると『日

茶舗中村藤吉平等院支店（旧菊屋）

本後紀』に見えたり。

これをみると、宇治橋は東北から西南に架かる橋で、長さおよそ一五〇メートル、幅およそ五メートルの橋であったとあります。また、『日本後紀』によって大化二（六四六）年に架橋されたとしています。

絵は宇治橋を東岸下流から眺めたもの。右手が「川下」、左手が川上になっています。橋上の往来や棹さす柴舟が、当時のにぎわいをよく伝えています。橋の上の人びとをみると、菅笠をかぶった旅人や駕籠《かご》に乗る者、二本差しの武士など、さまざまです。

絵の上部、「首夏、菟道の水亭に宿して感有り」と題する賛の漢詩は中島棕隠《なかじまそういん》の作。

林巒花落ちて艶雲無く
陳迹只看る緑蕪多し
神女の幽魂水月に迷ひ
韻僧の遺咏仙区に属す
悲風暗度す松間閣
怒浪争つて来る山外湖
懐古し終宵眠るを得ず
子規の声裡一燈孤なり

江戸時代、景勝地として知られる宇治には多くの文人墨客が訪れました。前述の棕隠もその一人。彼らが好んで宿泊したのが、創業元禄年間といわれる菊屋萬碧楼です。この萬碧楼の名は棕隠とも親しかった頼山陽がつけたといわれています。なるほど、なるほど。先に挙げた賛の漢詩は二人がここを訪れたときに作られたものと推察されます。

宇治川浮島より萬碧楼を望む（大正・昭和初期の絵はがき）

絵の中央、宇治橋の向こうにみえるのが「きくや」です。近年まで営業しておりましたが、今はありません。現在、同地では、菊屋に代わって茶舗中村藤吉が、人びとの舌を楽しませています。

賛の発句は次のとおり。

三の間の　水は甘いと
飛ぶ螢　　　　翠翁

翠翁《すいおう》は、江戸の国学者である久松祐之《ひさまつすけゆき》の号。初句の「三の間の水」について、本文には次のように記されています。

山城の名水なり。瀬田の橋下、龍宮より涌出る水、此所へ流れ来るなりと。又一説には、竹生嶋弁才天の社檀の下より流れ出ると云。豊臣秀吉公伏見御在城のとき、常に此水を汲ましめ給ふと云。今も尚これを賞して汲もの多し。故に三の間の所は、橋のはゞを広くし、水をくむの便宜とす。

京都有数の名水である三の間の水は、瀬田の唐橋《からはし》の下にあるといわれる龍宮から湧出するとも、琵琶湖に浮かぶ竹生島《ちくぶじま》の都久夫須麻《つくぶすま》神社から湧出するともいわれ、霊験あらたかな清水だったのです。

◆其二 東詰通圓茶屋《ひがしづめつうえんのちやや》

宇治橋の東詰、南側にあるのが通圓茶屋です。この通圓について、本文には次のように記されています。

いにしへより往来の人に茶をたて、服《のま》しめ、茶茗《さめい》をあきなふ。店に通圓の像あり。一休禅師の作といふ。通圓は此亭の主の名なり。又屋上《やね》に御茶屋の額あり。尊恕《そんぢよ》親王の御筆と聞ゆ。秀吉公常に三の間の水を汲しめ給ふ所の釣瓶《つるべ》、今尚存して此家に蔵す。もつと

1 宇治橋周辺

江戸時代に建てられた通圓茶屋は、現在も宇治橋周辺のランドマークとなっている。

も旧家にして、先祖よりすでに十八世に及ぶとぞ。宇治橋御普請の節は、此茶店もともに公《おほやけ》により御修復ありといふ。

これによると、幕末には一八代目を数える老舗であったこと

一休禅師作と伝わる通圓像

豊臣秀吉が三の間の水をくむのに使ったと伝わるつるべ

がわかります。店にある通圓の像は七代目と親交があったといわれる一休禅師の作、また、屋根に掲げる額は尊恕《そんじょ》親王の筆という。この額については、豊臣秀吉と同時代の青蓮院宮尊朝《しょうれんいんのみやそんちょう》法親王《ほうしんのう》の筆と伝えられています。

また、宇治橋の架け替えの際にはこの茶屋も公儀によって修復されたとあります。江戸時代、宇治付近は水害に見舞われることがありました。かの滝沢馬琴が宇治を訪れたのも、洪水の後でした。『羇旅漫録《きりょまんろく》』には次のようにあります。

〔享和二〔一八〇二〕年〕七月九日宇治へゆきけり。今日上醍醐。下醍醐邊。稲荷山。ふじの森。深草。東福寺。黄檗など。道がら一見す。八幡山崎邊洪水にていまだ道甚あれたり。宇治橋は三段に切れて落。通圓が茶店は床上四五尺も水つきしと見ゆ。興聖寺。平等院。洪水おし入て。路難儀なり。離宮は高き故水難なし。

宇治橋東詰南側にあった藤棚の跡

この時、馬琴が通圓で休憩をとったかどうかはわかりません。ですが、宇治橋は破損し、通圓は床上一メートル以上も水に浸かったようすを目の当たりにしたのです。

絵をみると、通圓の店内には一組の旅人。宇治の土産に茶を求めているところ。主は店の奥にある茶壺から客の好みの茶を探します。

宇治橋と店のあいだには藤棚がみえます。花が房になって咲いていますから、絵に描かれているのは藤が見ごろの季節です。気候もよい時期ですから、遊山《ゆさん》の人も多い。旅人のみならず、僧侶に二本差しの侍、子たちを連れた女性の姿もみえます。

藤棚の向かい側、絵の右下隅には高札があります。宇治橋の、東側は宇治郡、西側は久世郡でしたから、両側に高札が立てられていました。

絵の左上部、賛の七言絶句は大江《おおえ》維翰《いかん》（久川玄圃《げんぽ》とも）の作。

橋畔の茶を煎る博士の家
春山雨後芳芽を摘む
相迎て一搨人を留めて坐しむ
庭上の清風落花を送る

作者は龍草盧《りゅうそうろ》の弟子で、春の日にここを訪れ吟じたものです。

◆平等院《びやうどういん》

鎌倉時代の説話集『宇治拾遺物語』は次のような文章ではじまります。

世に宇治拾遺物語といふ物あり。此大納言は隆国といふ人なり。〔中略〕年たかうなりては。あつさをわびていとまを申て。五月より八月までは平等院一切経蔵の南の山ぎはに南泉房といふ所に籠りゐられけり。さて。宇治大納言とは聞えけり。

1 宇治橋周辺

鳳凰堂の前にある阿字池は、時代に応じた変化がみられる。
（写真提供 平等院）

「隆国」とは源隆国、平安時代末期の人です。これによると、平等院の南側、現在の莵道《とどう》小学校付近にあったといわれる南泉《なんせん》房《ぼう》で避暑していたことから、「宇治大納言」と呼ばれていました。

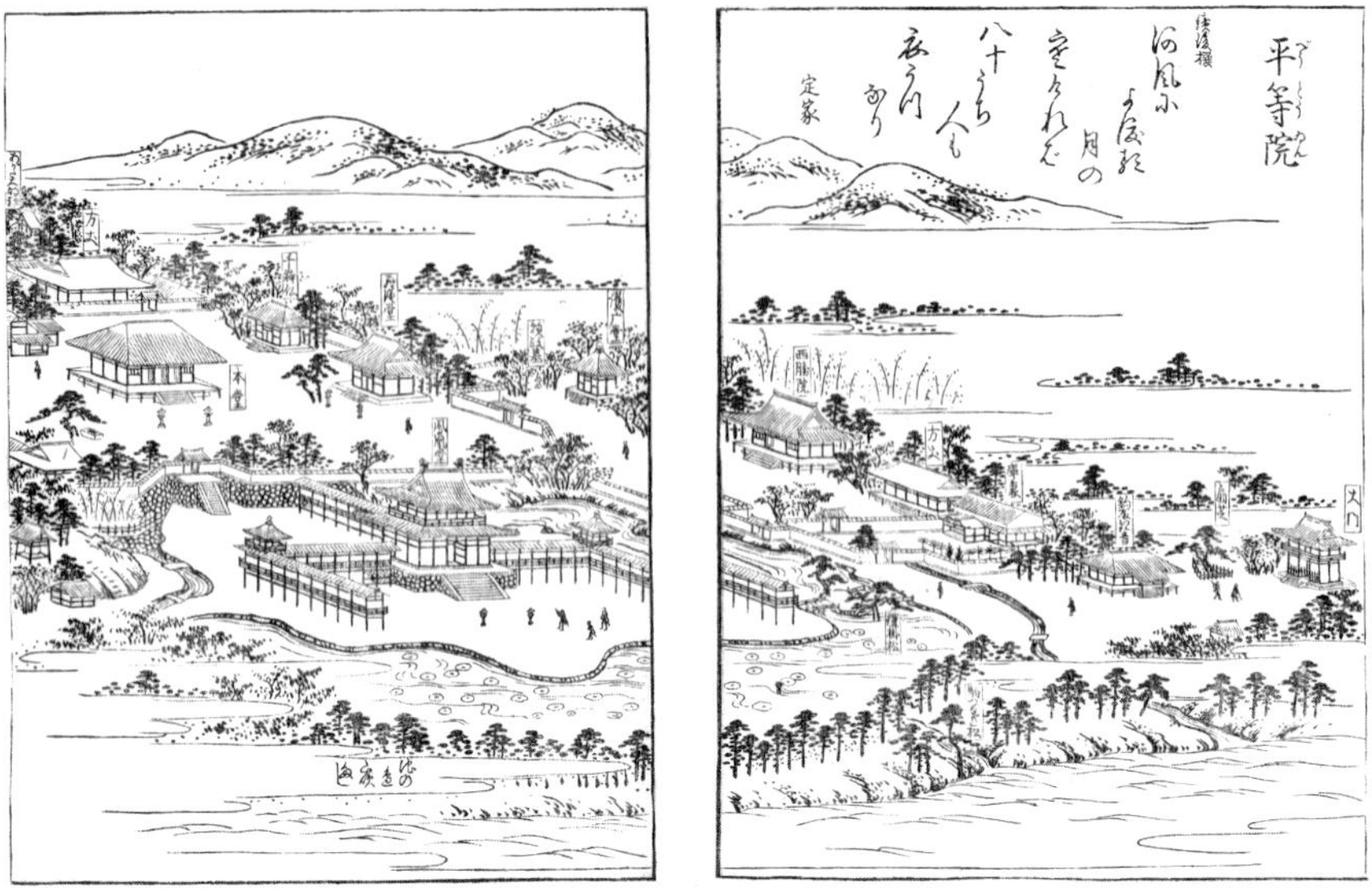

『都名所図会』巻五　平等院

この隆国のみならず、平安時代、宇治は貴族の避暑地として親しまれていたのです。

その宇治を代表する寺院が朝日山平等院。もとは浄土宗と天台宗とを兼ねていましたが、現在は単立寺院です。平等院についての解説は次のとおりです。

宇治橋の西詰南にあり。朝日山と号す。天台・浄土の二流ありて、台家《たいか》は三井寺に属し、寺務は圓満院御門主也。浄家《じやうか》は宇治関白の御菩提所にして、心誉《しんよ》上人より世々浄土宗を以て当院を守る。

これをみると、天台宗としては三井寺《みいでら》（圓城寺《おんじょうじ》）の管理下で、圓満院が寺務にあたっていたことがわかります。また、浄土宗としては宇治関白すなわち藤原頼通の菩提所であり、心誉上人によって浄土宗としても管理されたとあります。

平等院の創建以前、この地には源融《みなもとのとおる》の別荘がありましたが、その後、陽成院《ようぜいいん》が宇治院を建てられ、また、朱雀院《すざくいん》などもが狩

宇治名所　平等院堤上の景（大正・昭和初期の絵はがき）

猟に遊んだといいます。さらに、源雅信を経て、藤原道長の山荘となったのが長徳四（九九八）年のこと。道長の没後、息子の頼道が山荘を寺院にあらためたのが永承七（一〇五二）年。これが平等院のはじまりです。

絵は平等院の本堂と鳳凰堂を北東から眺めたもの。宇治川の岸を歩く旅人の姿も描かれています。絵の左上、賛の発句は上島鬼貫《うえしまおにつら》の作品。

冬枯れや　平等院の　庭の面

「宇治にて」と題されたこの句の初句以外は、謡曲「頼政」の一節をそのまま取り入れています。往時の栄華や、争いのなか自害していった源頼政を吟じた秀作です。

絵の右端、杉の大木がみえるあたりに現在は藤棚があり、見ごろの季節には参拝客の目を楽しませています。また、夏の蓮、秋の紅葉のころも多くの人でにぎわいます。

ところで、平等院の惣門は北に面しています。その理由について、当寺創建のとき、大江匡《おおえのまさ》房《ふさ》が唐の西明寺《さいみょうじ》、天竺の那蘭陀《ならんだ》寺《じ》など大陸の有名な寺院はみな北面であるとアドバイスしたからであると本文に記されています。

釣殿観音《つりどのくわんをん》
扇芝《あふぎのしば》
風流老将壮図空
陣跡秋荒露満叢
唯有多情一輪月
長懸山色水聲中
嶋棕隠
つりどの

◆釣殿観音《つりどのくわんをん》 扇芝《あふぎのしば》

絵は朝日山平等院のうち、釣殿と扇芝を眺めたもの。右端に「つりどの」とあるのが釣殿観音堂です。本文の解説には次のようにあります。

鳳凰堂の北にあり。本尊十一面観世音の立像、春日の作。地蔵菩薩・不動明王、左右に安ず。此所は宇治院の釣台《つりのうてな》を建て給ひ、釣を垂れてたのしみ給ふ所なりしを、観音を安じ仏殿とす。

1　宇治橋周辺

松は植え替わっているが、扇芝の石碑や柵が当時の様子を伝えてくれる。

観音堂の中央には十一面観世音菩薩立像、その左右に地蔵菩薩立像、不動明王像が安置されています。また、観音堂がある場所は、もともと宇治院の釣りをする台が設けられていたとこ

ろで、そのために釣殿の名がつけられたのです。

絵の左側、松樹の根元の周囲には柵があり、「扇芝」と書かれた石碑がみえます。ここが、かの源頼政最期の地なのです。本文には次のように解説されています。

鎧懸松《よろひかけまつ》　鳳凰堂の左傍、池の汀にあり。源三位頼政自殺の時、よろひをぬぎ捨し所といふ。

扇芝　釣殿の北にあり。源三位頼政、治承四年五月二十六日、此所において自殺す。行年七十六。くはしくは『平家物語』に見へたり。

源頼政は、治承四（一一八〇）年五月、平家との戦いに敗れ、この地で自害しました。その場所が扇状の芝生であったことから、その名がつきました。また頼政が鎧を脱いでかけたのを鎧懸松と呼んでいたのですが、それがいずれの木であるかわかっておりません。熊谷直好の和歌に次のようなものがあります。

武士《もののふ》の　宇治の古寺　かたぶきて
鎧かけ松　朽ち果てにけり

直好は江戸時代後期の桂園派の歌人です。とすれば、江戸時代、すでに鎧懸松は朽ちていたのではないかと推察されます。

絵の右上の賛の漢詩は中島棕隠の作。

風流の老将壮図空し
陣跡秋荒露叢に満つ
唯多情一輪の月有り
長く懸る山色水声の中

「風流の老将」とあるのは頼政のこと。享年、数え年で七十七歳だったといわれています。また、和歌にも秀でた人物でしたから、「風流」だというのです。鴨長明の『無明抄《むみょうしょう》』には、藤原俊成をして「今の世には頼政こそいみじき上手なれ」といわしめたとあります。その名人の辞世の和歌。

宇治　扇之芝（大正・昭和初期の絵はがき）

埋《うも》れ木の　花咲くことの　なかりしに
身のなるはてぞ
かなしかりける

「身のなる」に「実の生る」が掛けられていて、所詮わが身は「埋れ木」であったのかという無念さがよく伝わってきます。この和歌をうけて、天保年間に建てられた歌碑が今でも残っています。

花咲きて　みとなるならば
後の世に
もの、ふの名も　いかでのこらん

花が咲き、実が生る。つまり、頼政が非業の死を遂げることなく最期を迎えていたならば、このように後世まで語り継がれなかったであろう、と。

絵をみると、左下の扇の芝を前に、二人の男性が話しこんでいるのがみえます。杖つく老人が、若い侍に老将の最期を語り聞かせているところなのでしょう。

◆橋姫祠《はしひめのやしろ》

宇治橋の西詰を南行すると、左手に小さな神社があります。これが現在の橋姫神社です。もともとは橋の西詰北側にあり、橋の守護神として祀られていましたが、一八七〇（明治三）年の洪水で流失し、今の場所に移されました。

絵は、宇治橋西詰、北側に祀られていたころの橋姫社のようすを描いています。本文には次のように解説されています。

小社二座。一座は住吉、一座

1 宇治橋周辺

傳聞姫祠事
入情嶮於河
已有長橋造
不許百輛過
藤原正剛

洪水で流されたために茶店や橋姫社は移転し、当時の面影はみられない。

は橋姫神なり。住吉は赤色《あかきいろ》の夜叉の形にて、合掌したる座像也。橋姫は鬼女の裸身《はだかみ》に緋袴を着し、左の手に蛇《くちなは》を握り、右に剣をもちたる座像なり。宇治はし御修復の時、この社

もともに御修復あり。神事例年六月十日。御茶師上林味卜、これを支配す。
当社の祭神は住吉明神と瀬織《せおり》津比咩尊《つひめのみこと》。水運を司る神と橋を守護する神とが祀られています。

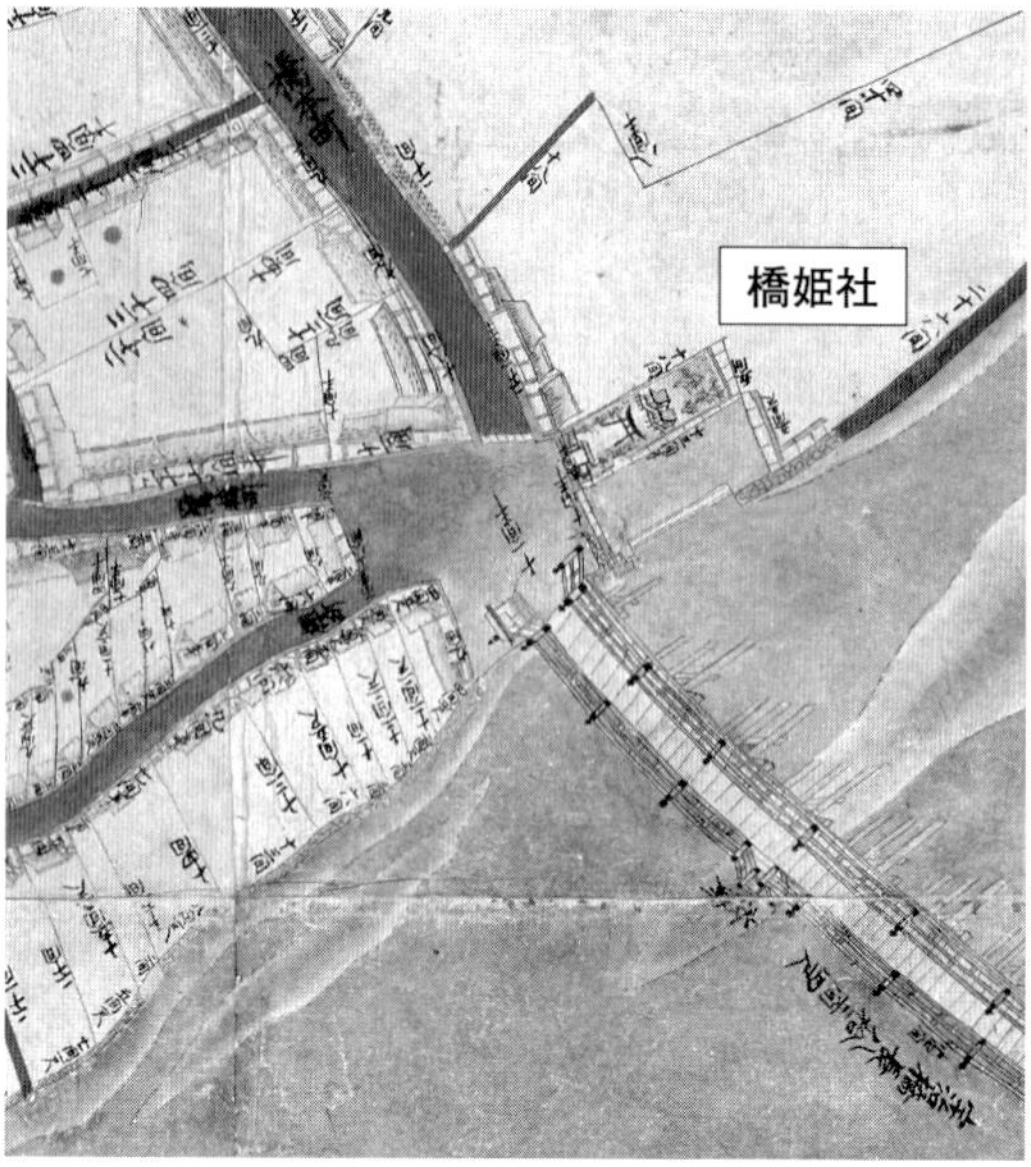

「宇治郷総絵図」より橋姫社付近（宇治市歴史資料館蔵）

また、橋の東詰にある通圓茶屋と同様、橋の修復がおこなわれる時にはこの社も修復されていたとあります。一説に、当初、橋姫社は宇治橋の三の間付近に祀られていたといわれています。それゆえに、修復が同時におこなわれるようになったのでしょう。

解説によれば、橋姫社の神事は上林家《かんばやし》が支配していたとあります。上林家は御茶師の一族、徳川家康によって宇治代官、茶頭取に任ぜられていました。絵の左側の橋姫社の傍らには「茶みせ」がみえます。おそらくここでは上林製の茶が供され、人びとの喉を潤していたことでしょう。絵をよくみると、左下に茶摘みを終えて帰る女性が二人、子たちとともに描かれています。茶所ならではの風情です。

絵の右側、宇治橋の西詰は久世郡の出入り口。行き交う旅人のための高札が設けられていました。ここから南へ行けば平等院、北へ行けば「まきづ、み」、伏見方面へ抜けることができます。

絵の右上、賛の発句は焦門《しょうもん》の湖嵐《こらん》の作。

橋姫や　おどろに冬の　柳髪

柳は春に芽吹き、秋に散るもの。葉の散った冬の柳枝が、まるで橋姫のおどろ髪のようだというのです。おどろの髪とは乱れ髪のことで、「鬼女」といわれる橋姫のイメージをよく伝えています。

江戸時代の橋姫のイメージは、鳥山石燕《とりやませきえん》の『今昔画《こんじやくが》図《ず》続百鬼《ぞくひやつき》』によって知られます。その解説には次のように記されています。

橋姫祠

橋姫の社は山城の国、宇治橋にあり。橋姫はかほかたちいたりて醜し。故に配偶なし。ひとりやもめなる事をうらみ、人の縁遍《えんぺん》を妬《ねたみ》給ふと云。

裸身で宇治川を渡る橋姫の姿は、頭に火をいただき、口に火縄をくわえています。まさしく「鬼女」の形相。橋姫はもともと橋を守護する神でした。けれども、屋代本《やたいぼん》『平家物語』の「剣之巻」や、謡曲「鉄輪《かなわ》」の丑の刻参りなどと関連づけられることで、恐ろしいイメージが付加されていったようです。「宇治」ということばに、「憂し」や「丑」の音が重なるためもあったのでしょう。

◆興聖寺隠居《こうしやうじのいんきよ》　亀石《かめいし》

絵は宇治川右岸、興聖寺門前にある観流亭と亀石を描いています。観流亭は現在の東禅寺のそばにあったといわれています。宇治川の「流」れを「観」るのに適しているということでこの名がつけられました。本文の解説には次のようにあります。

興聖寺の門前にあり。宝暦六年の洪水に流失して、今は古跡のしるしをたつる也。

ここに記されるとおり、宝暦

1 宇治橋周辺

護岸が整備されてはいるが、亀石や建物は同様であり、全体に大きな変化を感じない。

六（一七五六）年の洪水以後、観流亭はなくなってしまいます。
洪水による流失よりも前の延享五（一七四八）年四月二五日、本居宣長はここを訪れ、そのときのことを『都考抜書《みやここうぬきがき》』に記し

ています。

興聖寺参詣。仏徳山ト号ス、曹洞宗也、此寺、本ハ深草ニ有、久敷寺絶ヘタリシヲ、永井信斎淀ノ城主タリシ時、此地ニ再興セラル、塔頭東禅院ヨリ宇治川ヲ望ム、最モ佳景也、東禅院ノ前、川ハタニアル小菴ヲ観流亭ト云、奇石多シ、東禅院ノ東ニ薬師堂有、宇治ノ北ノ出口ニ浮舟社有、事好ム者コレヲ立タルナルベシ、大鳳寺村、ウヂノ東北ニ有町アリ、富商多シ、茶ヲ多クウユル所也。

亀石

宣長はこの日、伏見京橋から宇治へむかい、宇治川両岸の名所を散策しています。なかでも東禅寺、観流亭あたりからの眺望を「最モ

『都名所図会』巻五　興聖寺付近、蛍狩り

佳景」と評しています。また、「奇石多シ」とありますが、おそらく亀石などのことをさしてこのように記していると思われます。

絵の左端にみえるのが観流亭跡。『宇治川両岸一覧』が出版されたころにはすでにありません。前述の本文の続きをみてみましょう。

僧元明《げんみん》此観流亭に遊て、清人《しんひと》竺庵《ちくあん》和尚《おせう》に送りし詩に云ふ、
佳境今開士に従ひて遊ぶ
千峰万壑眼中に収むる
問ふ君に楚水呉山の勝
何ぞ観流亭上の秋に似なん

尾張の僧、良哉元明《りょうさいげんみょう》が、萬福寺十三代住持《じゅうじ》竺庵和尚に送った漢詩がこれです。内容は、観流亭の秋の眺望に勝るような絶景があなたの故郷である明《みん》にはありますか、というもの。元明が観流亭を訪れた時期はあきらかではありませんが、宣長がここに来た時期と、そう離れてはいないはずです。

絵の右側、興聖寺境内中央の建物にはふたつの人影。なるほど、なるほど。この人影は元明と竺庵のやりとりを知る人が、往時をしのんでいるのです。観流亭はなくなってしまっても、絶景は変わることなく眼前にあるのだ、と。

絵の左端、観流亭の汀にみえるのが亀石です。解説には「形、亀に似たる大石なり。水多き時は沈みて見えがたし」とあります。水害が多かったこの地にあって、増水時には沈めども、なおも現存する奇石です。

宇治　宇治川風景（大正・昭和初期の絵はがき）

◆興聖寺隠居　其二

興聖寺《こうしやうじ》

宇治川の右岸にある仏徳山興聖寺は曹洞宗永平寺派の寺院です。縁起について、本文の解説には次のように記されています。

当寺は人王八十六代四條院の御宇、天福元年、弘誓院建立。開山は道元禅師なり。そのはじめは深草の里にありしが、後世断絶せしを、正保年間、万安《ばんあん》和尚中興して、諸堂は古淀の城主永井信濃守直政建立なり。

1　宇治橋周辺

樹木が生い茂り石門しか見えないが、当時とほぼ変わることのない景観である。

これによると、開山は『神皇《じんのう》正統記《しょうとうき》』にみえる第八十六代四条院の時代、嘉禎二（一二三六）年、道元により興聖宝林禅寺として創建されました。当初は深草の地にあったのですが、のちに断絶しま

す。ちなみに、『都名所図会』の解説をみると、墨《すみ》染《ぞめ》の欣浄寺《ごんじょうじ》の境内が興聖寺旧地だとあります。

世くだって、慶安元（一六四八）年、僧万安をむかえ、淀城主永井尚政によって現在の場所に再建されました。本文に「直政」とあるのは尚政の誤りです。また、「正保年間」とあるのは誤りではなく、正保五年が二月一五日までで、一六日以降は慶安に改元されているためこのような記述になっていると考えられます。

絵の中央下よりにみえるのが石門。ここから山門へとつづく道が琴坂です。本文には次のように記されています。

川岸より門前までを琴坂といひ、左右に桜紅葉をうへて山吹を透垣《すいがき》とし、朝日山を庭中にと

興聖寺琴坂

『拾遺都名所図会』巻四　喜撰嶽、宇治川

り、白檳《びゃくしん》をたわめては龍虎をつくり、姫躑躅《つつじ》咲みだれては宇治の川瀬の篝火と疑ふ。実に無双の景地なり。

「白檳」とあるのは白檀《びゃくだん》のこと。琴坂の沿道には桜や楓、山吹などが植えられ、躑躅のころには宇治川を照らす篝火のごとくであったといいます。ここは季節を問わない「無双の景地」だったのです。

宇治風景　興聖寺琴坂の石門（大正・昭和初期の絵はがき）

　ところで、『拾遺都名所図会』巻四には「喜撰嶽《きせんだけ》」と題する挿絵が収載されています。絵をみると、宇治川のゆたかな流れに、二艘の舟が浮かんでいます。舟の上では釣り人が糸を操っているのがわかります。右側の舟、まさにいま、釣り人が魚を釣り上げたところ。どうやら獲物は鯉のようです。

　江戸時代、この付近での漁は釣り糸を垂らすやり方でおこなわれていました。『雍州府志《ようしゅうふし》』（一六八六）にはその理由が記されています。

古へ土人《どじん》網を下し、或は網代《あじろ》を設け、魚を漁するを業となす。竹を編みて河を遮り、網に代へて魚を取る。是を網代と謂ふ。興聖菩薩叡尊、殺生の罪を憐れみ、土人をして布を河水に曝すを教えしめ、是を作業となし、魚を取ることを止む。遂に網代をして宇治川の中島に埋ましめ、塔をその上に建て、供養を修す。

　これをみると、宇治のことを詠んだ和歌に網代がしばしば登場しますが、鎌倉時代以後、おこなわれることはなくなったとあります。多くの寺社仏閣がある宇治だけに、網代は適さない漁法だったのかもしれません。

朝日山《あさひやま》　恵心院《ゑしんいん》　離宮八幡《りきうはちまん》

宇治橋付近にある名所で、最初に朝日に照らされるのは、その名のとおり、宇治川左岸にある朝日山平等院。最初に朝日があらわれるのは、右岸の朝日山、ということになります。絵は、その朝日山と宇治川沿いにある恵心院、離宮八幡を描いています。

恵心院は真言宗智山派の寺院で、朝日山と号します。弘法大師によって開山されました。絵の右上の解説には次のようにあります。

1 宇治橋周辺

1972年竣工の朝霧橋と茂った樹木を除けば、『宇治川両岸一覧』の当時と同じである。

当寺は本名《もとのな》龍泉寺《りうせんじ》といふ。弘法大師、唐の青竜寺《せいりうじ》をうつして創《はじ》めて当寺を建、竜泉寺と号す。真言の霊場也。後に台山の恵心僧都《えしんそうづ》此《こ》に住す。

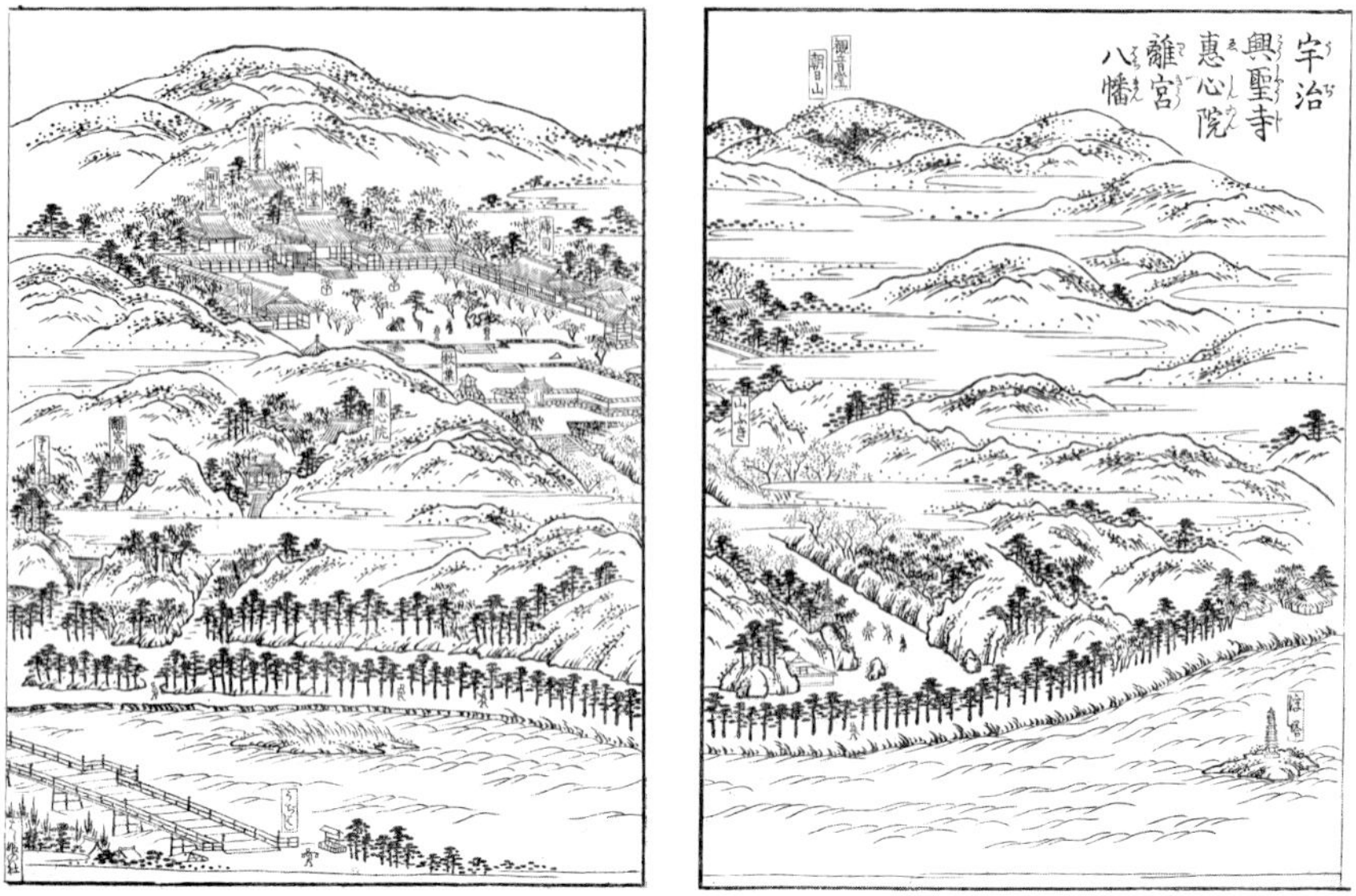

『都名所図会』巻五　宇治興聖寺、恵心院、離宮八幡

これによると、唐の青龍寺の名に模して龍泉寺と名づけられました。世くだって、平安時代中ごろに天台宗の僧、恵心僧都が再興し、恵心院と名を改めたのです。

絵の右側にみえるのが恵心院。手前の山門は現在のものとは少し趣が異なっています。右手にみえるのが本堂。現在では四季折々の花たちが参拝者の目を楽しませています。今でもこのあたりに山吹が多いのは、対岸にあったという源融ゆかりの山吹の瀬にちなむと思われます。

絵の左手にある鳥居は、離宮八幡跡、現在の宇治神社です。離宮八幡について、解説には次のようにあります。

> 橋寺の南にあり。祭神三座にして上《かみ》の社は応神天皇・仁徳天皇、下《しも》の社は莵道《うぢ》の尊《みこと》を崇め奉る。平等院の鎮守にして、宇治郷の生土《うぶすな》神なり。神輿《しんよ》三基。例祭五月八日。

ここに「上の社」とあるのは宇治上神社、「下の社」とあるのは宇治神社です。この両社をあわせて、離宮八幡宮、桐原日桁《きりはらのひけた》宮《のみや》と称していました。ゆえに、平安時代の神社の一覧である『延《えん》喜《ぎ》式《しき》神名帳《じんみょうちょう》』には「山城国宇治郡、宇治神社二座」として紹介されています。平等院の鎮守であり、宇治郡の産土社でもあったのです。

朝日焼窯元

ところで、ここを「離宮」と呼ぶのには二つの説があるといいます。

> 当社を離宮と号する事は、此地に宇治宮ありし故自然の称号也。また一説には、当社の神は民部卿平忠文《みんぶのけうたいらのたゞぶん》が霊を祭るともいへり。

ひとつに、ここが応神天皇の宇治離宮であったことから、自然とそう呼ばれるようになったという説。いまひとつが、平将門の乱にあたり征夷大将軍に任命された藤原忠文の霊を鎮めるため、忠文の別荘があったこの地に社を建て、離宮明神と崇めたという説。というのも、忠文の到着を待たず、乱は平定され、忠文は恩賞をもらいそこねます。本意ではない忠文は断食ののち憤死し、悪霊となってさまざまな祟りをおこしたのでした。

延宝二（一六七四）年に出版された『山城四季物語』には平忠文が悪霊となったことが記されています。藤原忠文を祭神とするのは宇治神社の北にある又振《またふり》神社のほうなのですが、江戸時代は離宮八幡の摂社であったため、諸説が混同されていたのでしょう。なお、現在では興聖寺の西側に朝日焼きの窯元があります。茶の名産地ならではの工芸品です。

◆黄檗山《わうばくざん》

黄檗山萬福寺は、寛文元（一六六一）年に明国の僧隠元《いんげん》によって開創されました。本文の解説には次のようにあります。

当時開山隠元和尚は大明福州福清《ふくしん》の人にして、姓は林《りん》氏、諱《いみな》は隆琦《りうき》、字《あざな》は隠元なり。本朝承応三年に東渡し、万治二年公命によって山城国宇治郡大和田の勝地を賜り、寛文元年九月より伽藍を草創し、精舎の経営異風を模《うつ》し、名《なづけ》て黄檗といふ。同十三年四月二日、

2 宇治橋下流

変わることのない漢門の優美さや周囲の松林が、萬福寺の荘厳さを伝えている。

後水尾《ごみのを》上皇《じやうくはう》より大光普照《ふせう》国師の号を賜ふ。

これによると、隠元は現在の中国福建省福州府福清県の出身で、承応三（一六五四）年に渡来

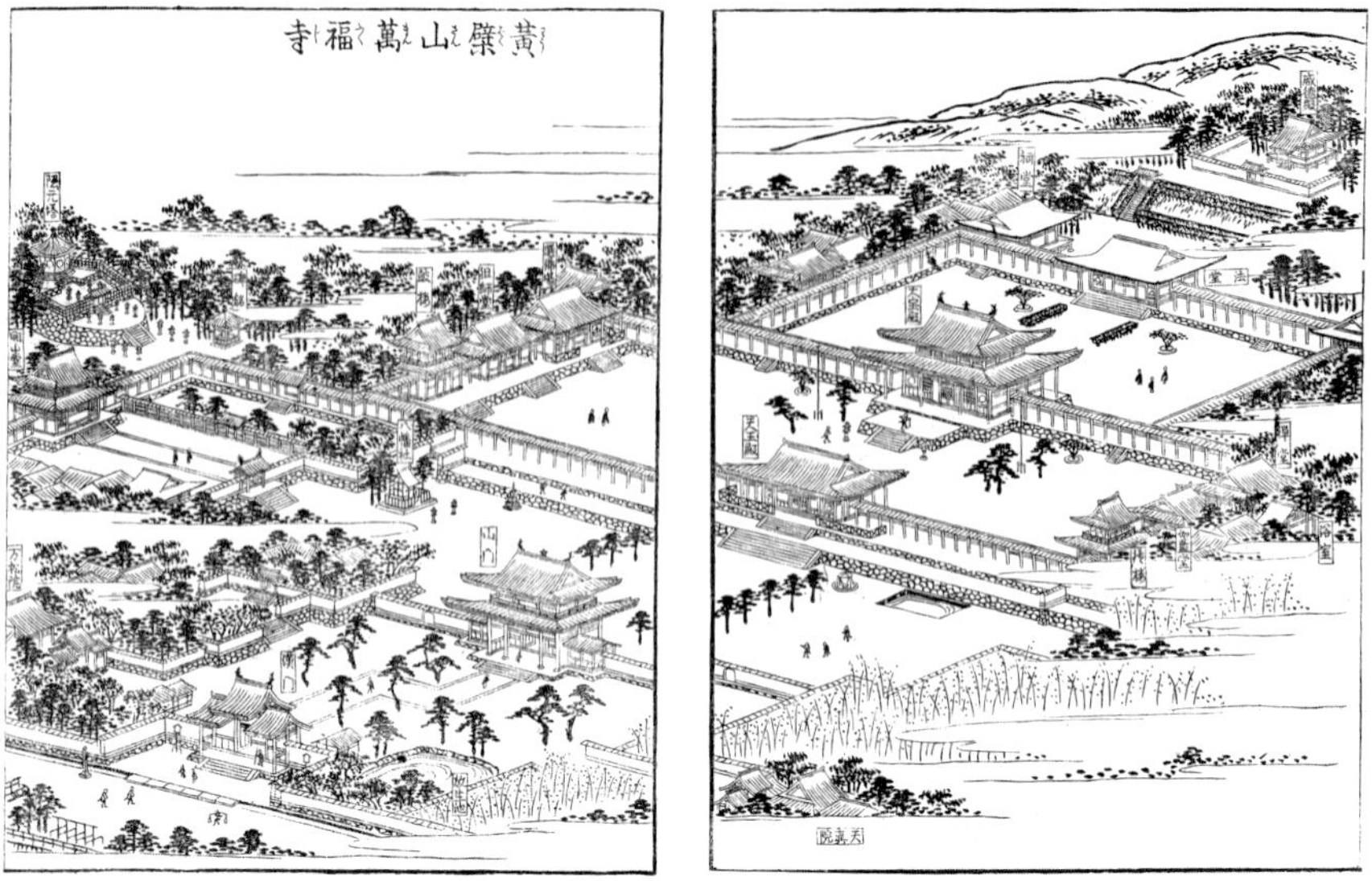

『都名所図会』巻五　黄檗山萬福寺

されたことがわかります。また、万治元（一六五八）年には徳川家綱に謁見し、翌々年に幕府から寺域を賜り、そこに萬福寺が創られました。

絵は萬福寺の漢門を北東から眺めたもの。漢門の右後方、松林のあいだに屋根だけみえているのが山門。それぞれ、現在の総門と三門にあたります。漢門はその名にふさわしく、大陸風の建築様式で建てられています。屋根の中央部は高くして両肩を低くする牌楼《ぱいろう》式や、中央の屋根の両側にみえる摩伽羅《まから》と呼ばれる想像上の動物の飾りなど、その個性的な意匠が絵によって知られます。この門にある「第一義」と書かれた扁額《へんがく》は、第五代高泉《こうせん》性敦《しょうとん》和尚の筆。

黄檗宗の僧侶によってさまざまなものが日本にもたらされました。なかでも、隠元の名にちなむインゲン豆は有名。また、食事の様式として、普茶《ふちゃ》料理が伝えられました。ひとつの大皿に盛りつけられた中国風の精進料理を、四人一組で小皿に取りわけていただくのが特徴。二汁六菜が基本です。江戸時代、食

普茶料理（提供 萬福寺）

事は各自に配膳されていましたから、普茶料理のようなスタイルは非常に珍しかったのです。また、本文には甘味の名物があったことも記されています。

名物唐饅頭《たうまんぢう》　黄檗山の門前にあり。菓子司これを製す。俗に黄檗饅頭といふ。胡麻餡《ごまあん》にして美味なり。

唐饅頭とはカステラ生地で餡をくるんだ焼饅頭のこと。精進料理には欠かせない胡麻を餡に仕立てた饅頭で、地名にちなんで「黄檗饅頭」と呼ばれていたことがわかります。残念ながら、現在は製造されておりません。

賛の発句は次の二句。

隠元も　日本ひいきの　さくらかな　　秋冬

黄檗に　春の通詞や　梅の花　　左菊

通詞とは通訳のこと。つまり、黄檗山のあたりでは春の知らせを教えてくれるのが梅なのだということを吟じています。

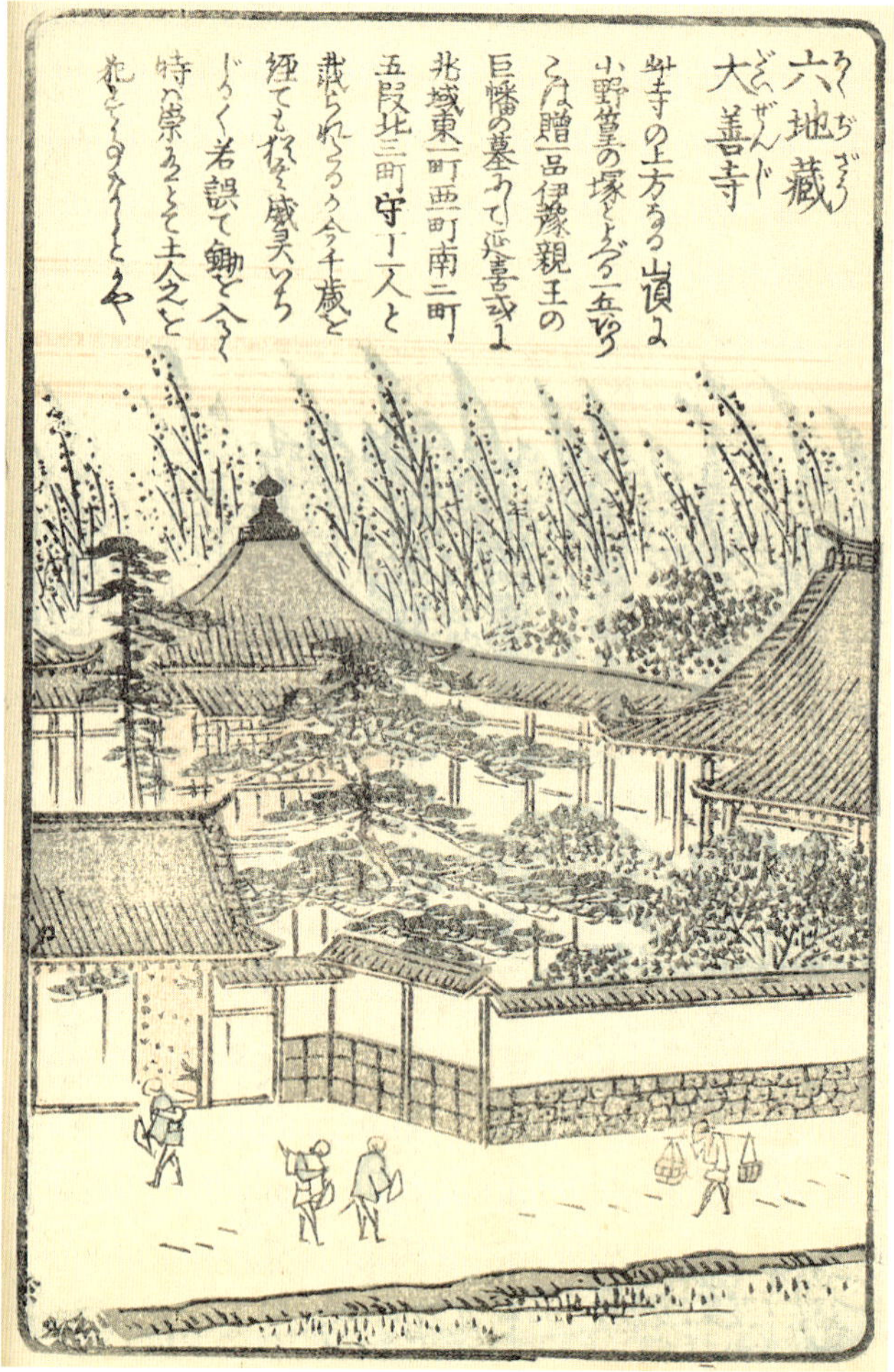

◆六《ろく》地《ぢ》蔵《ざう》　大《だい》善《ぜん》寺《じ》

六地蔵は日本の各地にありますが、これは仏教の説く六道輪廻の思想にもとづいています。すなわち、われわれは地獄道、餓鬼道、畜生道、修羅道、人道、天道という六種類の世界のなかで生まれ変わりをくり返しています。何人もこの六道の輪廻から逃れることはできません。このような宿命から人びとを救い出してくれるのが地蔵菩薩です。そのため、六体の地蔵菩薩像が安置されるようになりました。

京都の六地蔵といえば、伏見

2 宇治橋下流

門や白壁から、旅人や商人の往来を偲ぶことができる。

の大善寺、鳥羽の浄禅寺、桂の地蔵寺、常磐の源光寺、鞍馬口の上善寺、四ノ宮の徳林庵。それぞれの寺院は、京都と地方とをつなぐ主要街道の「口」に位置しています。ここでいう「口」

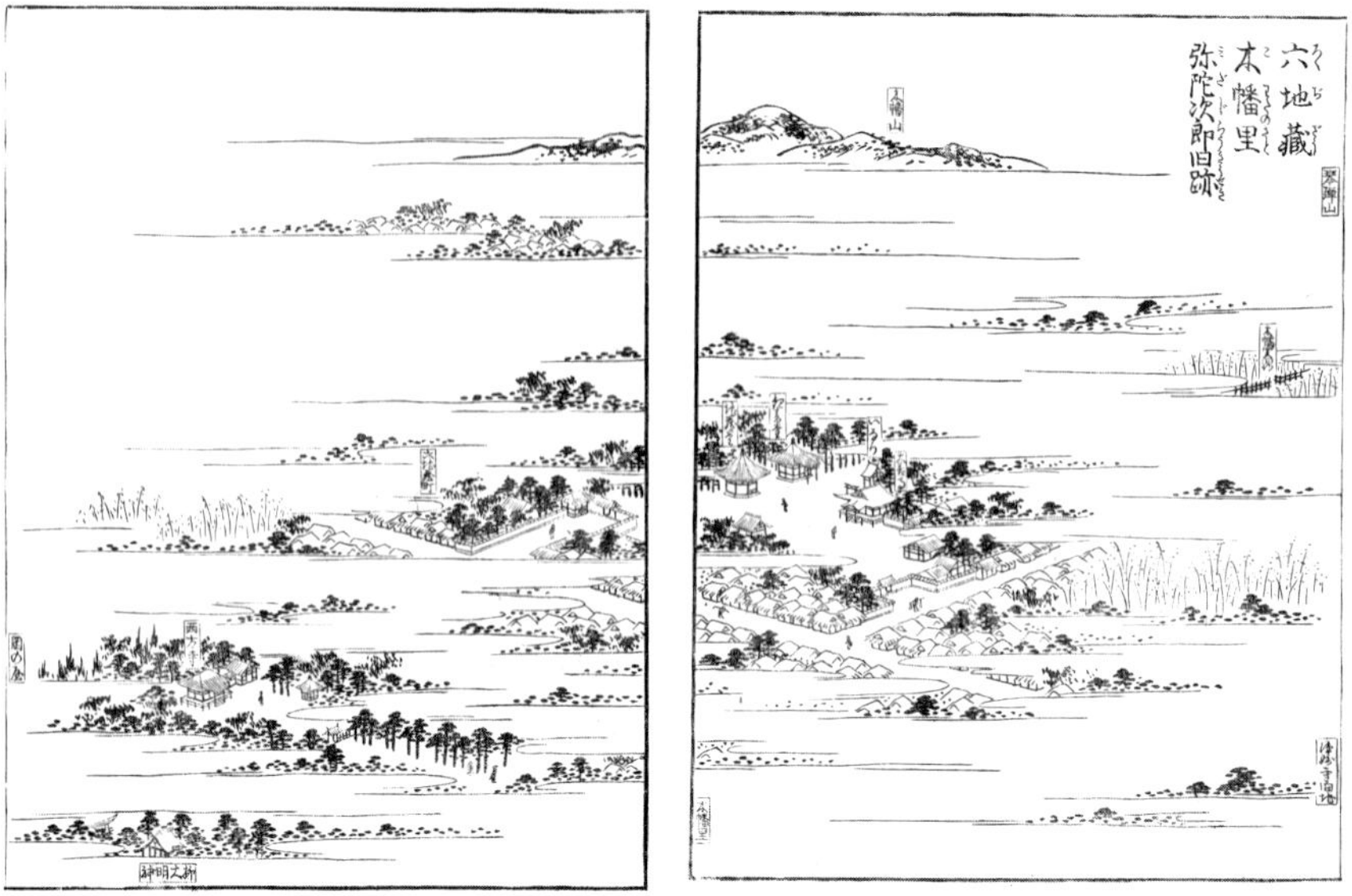

『都名所図会』巻五　六地蔵、木幡里、弥陀次郎旧跡

とは境界のこと。つまり、六つの街道を六道に見立てて、「口」にあたるところに地蔵菩薩が祀られました。

なかでも法雲山大善寺は「六地蔵」の呼称で親しまれ、地域の町名にもなっています。そもそも京都の六地蔵像は、すべて大善寺に安置されていました。別々に祀られるようになったのは平安時代末期のこと。後白河法皇の勅命をうけた平清盛が分置させ、西光法師に供養させたのがはじめです。

絵は大善寺を東南から眺めたもの。絵の手前、左右に走るのが奈良街道です。絵の上部の解説には次のようにあります。

此寺の上方なる山頂に、小野篁の塚とよべる一丘あり。こは贈一品伊豫親王の巨幡の墓にして、『延喜式』に「兆域東一町、西一町、南二町五段、北三町守丁一人」と載《のせ》られたるか、今千歳を経ても猶、其威霊いちじるく、若《もし》誤て鋤を入る、時は祟有とて、土人是を犯す事なしとかやここに小野篁《おののたかむら》の名が登場するのは、六体の地蔵菩薩像を作ったのが篁だと伝えられているからです。絵の街道を往来する人びとも、そのような縁起を語りあっていたのでしょう。

賛の発句は次の二句。

どの道へ　出ても匂ふや
うめの花　　梅巌

見て上る　高み〱や　梅の花
柳渓

伏見の町から六地蔵にいたる道筋はいく通りかあります。大和街道の旧道を通るもよし、桃山を抜けて山越えするもよし。どの道を通っても、芳しい梅の香に包まれるのだと吟じています。

六地蔵から墨染方面へと山越えする途中にあるのが「梅渓《うめだに》」。江戸時代には多くの人びとが観梅に訪れました。『京都林泉名勝図絵』巻三の絵図は梅渓を訪れる人びとの様子を描いたものです。

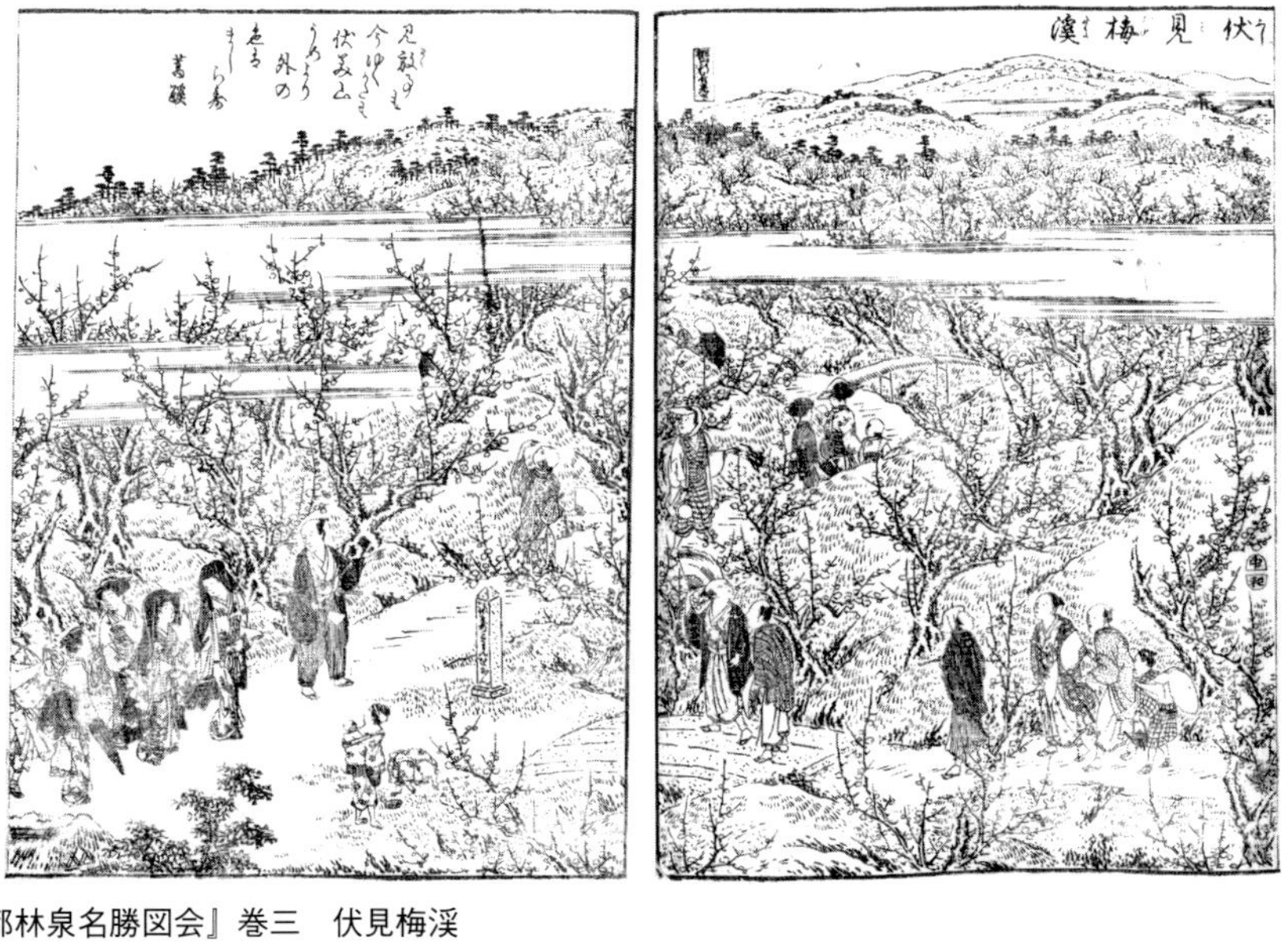

『都林泉名勝図会』巻三　伏見梅渓

◆指月《しげつ》　月橋院《げつきやういん》

指月山月橋院《げっきょういん》は宇治川北岸、桃山町泰長老にある曹洞宗の寺院です。この月橋院について、本文には次のように記されています。

指月山月橋院　右同所〔指月〕にあり。禅宗曹洞派越前府中金剛院の末寺なり。本尊毘沙《びしゃ》門天《もんてん》は弘法大師作なり。もと此地は洛陽般舟院の旧跡なり。
観音堂　寺の西の丘にあり。聖観音を安ず。
月見池　観音堂の前にあり。

2　宇治橋下流

大陸風の門は建て替えられたが、境内は当時の様子を伝えている。

ここは古くは応永年間（一三九四〜一四二八）に伏見宮栄仁《よしひと》親王が大通院指月庵を創建し、また、文明年間（一四六九〜八七）には般舟三昧院《はんじゅざんまい》があった土地です。般舟三昧院は伏見城築城に

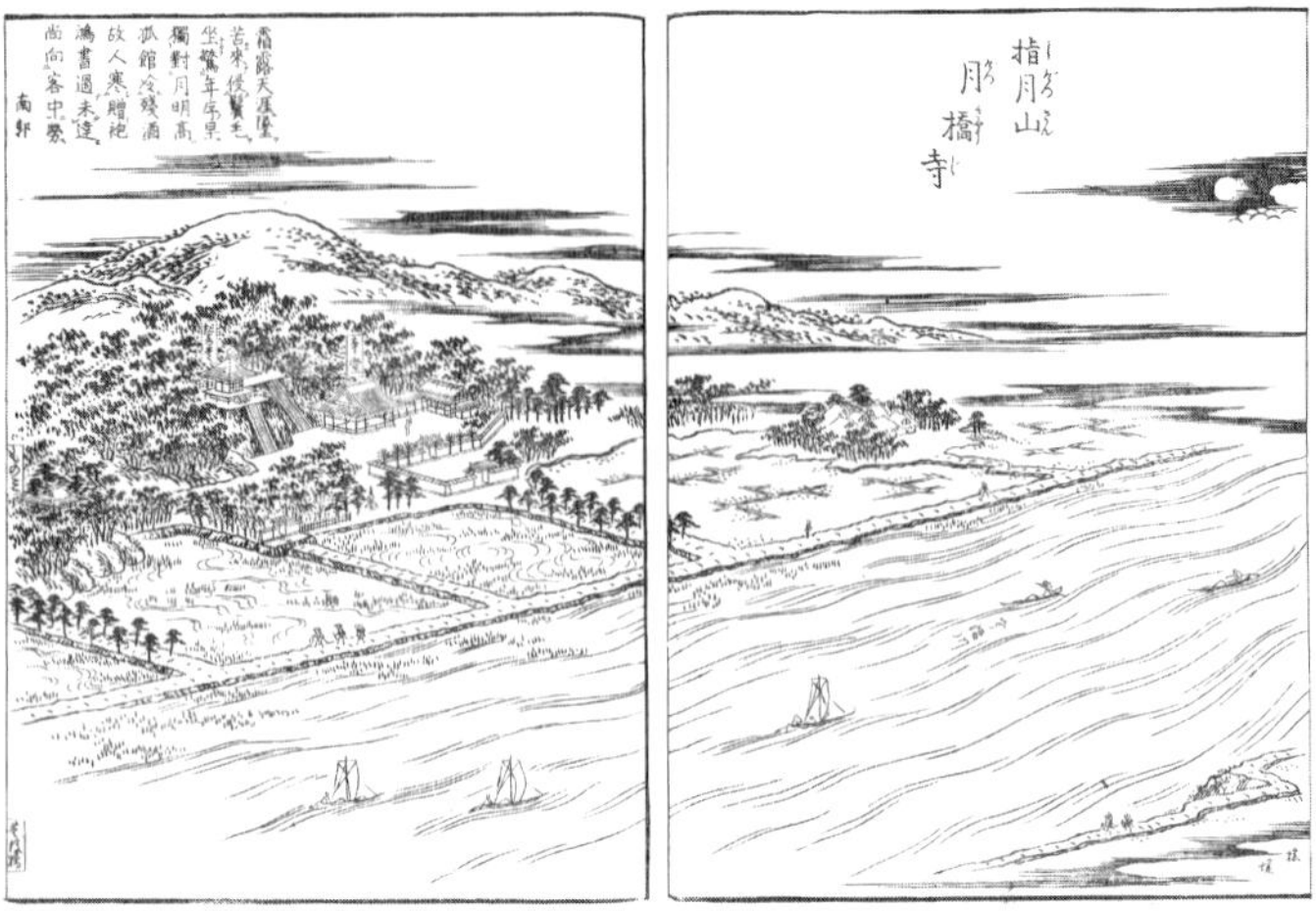

『拾遺都名所図会』巻五　指月山月橋寺

あたり、洛中上京に移転します。

　その後、跡地に真言宗の円覚寺が創建されました。そこに豊臣秀吉と親しかった永平寺の亀州宗鶴《きしゅうそうかく》和尚が招かれ、真言宗を曹洞宗に改められ、月橋院を開山されたのです。

　解説にある本尊毘沙門天は、弘法大師の手によると伝わります。そもそも般舟三昧院は天台宗、真言宗、律宗、浄土宗の三つを兼ねた兼学寺院でしたし、円覚寺は真言宗の寺院です。宗派は異なるといえども、前身の寺院が残した本尊は大切に残されたのです。

　絵は宇治川北岸、月橋院の門前を描いています。絵の左側、手前に女性を連れた旅人が山門を指さしているのがみえます。おそらくこの寺院ができるまでの歴史の変遷を語って聞かせているのでしょう。絵の右側には馬上の旅人がみえ、宇治の町をめざしています。

　絵の左上部には賛の発句が二句。

水に月　見出す　水鶏かな

柳亭

　月橋院の月見池の水面に月が映ると、臆病で夜行性の水鶏《くいな》も

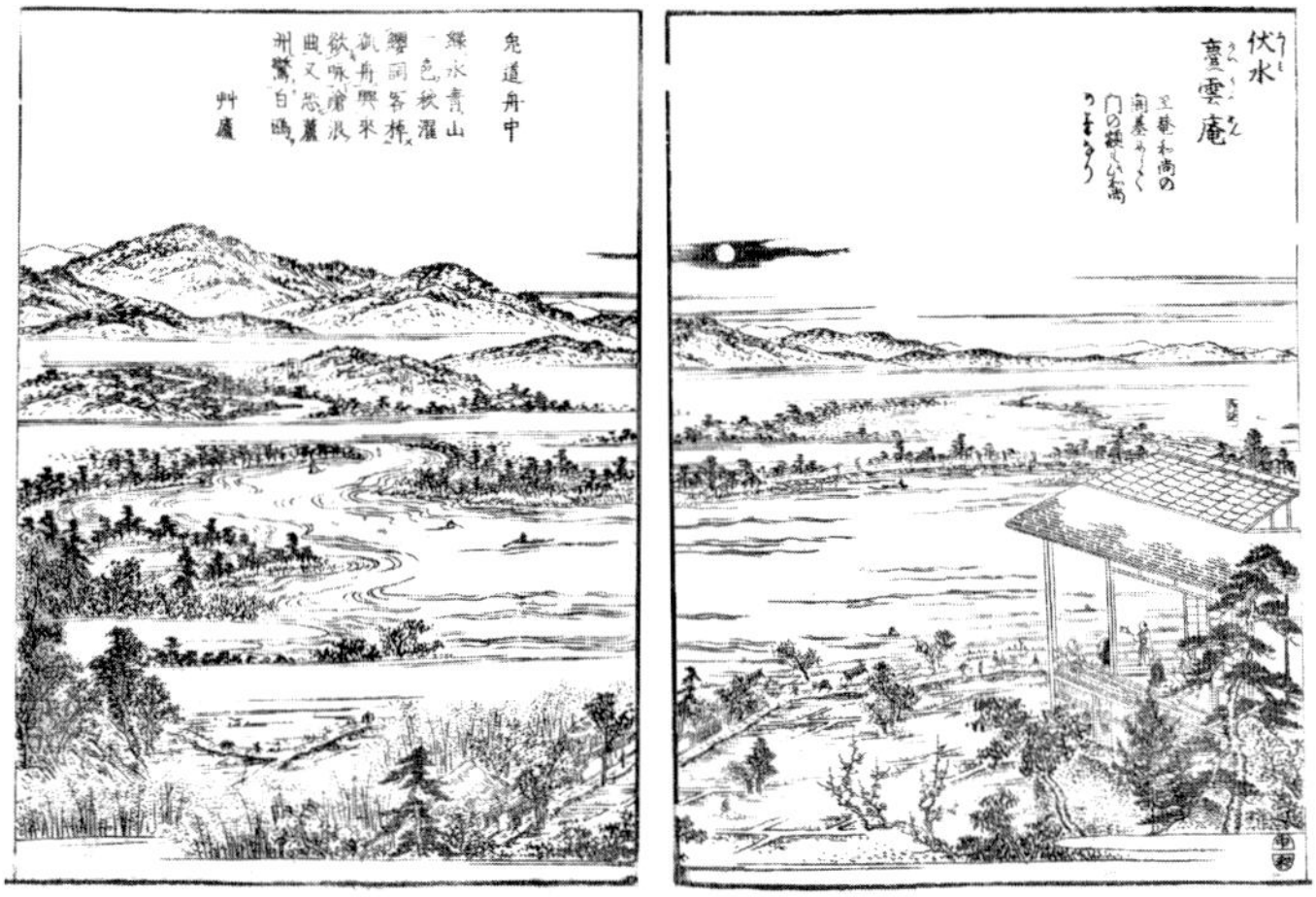

『都林泉名勝図会』巻三　伏水慶雲庵

ついつい顔を出してしまう。それほどに月が美しかったのでしょう。

立待や　指月の杜に
さしむかひ　　吾舎

「立待《たちまち》」とは十七夜の月のこと。午後七時頃、日が暮れて、立って待っていられる頃合いにあらわれるのが「立待」の月。月橋院付近から眺める月は、差し向かいに浮かんでくるのです。

指月山の後山《こうざん》にあるのが、月見の岡、一名を宇治見山という。ここがかの秀吉が月見のための楼台を設けたところなのです。この付近のことについて、本文には次のような解説があります。

宇治見山よりの眺望殊更《ことさら》によく、早瀬を下る宇治の柴舟、巨椋の池の水鶏、鳥羽・竹田の行人、淀の城郭、八幡・山崎の翠巒《すいらん》までも眼前《まのあたり》に有て、騒人墨客の心を動かせり。

宇治見山からの眺望は、視界をさえぎるものは一切ありません。京都の南部一帯を見わたすことができたのです。四季も問わず、昼夜も問わない、絶景の地。それが江戸時代の指月というところだったのです。

◆豊後橋《ぶんごばし》　向嶋《むかひじま》　巨椋堤《おぐらづゝみ》　巨椋江《おぐらえ》

豊後橋とは現在の観月橋《かんげつきょう》のこと。いまでも橋の北詰付近の町名に残されています。観月橋とは一八七三（明治六）年に再建されてからのちの名称で、現在の橋は一九三六（昭和一一）年の建造です。

豊後橋は文禄三（一五九四）年、大友豊後守宗麟《おおともぶんごのかみそうりん》によって架橋されました。

絵の左側、中央に架かるのが豊後橋。橋の右が宇治川北岸で、絵の左側、中央にみえる「ふしみの町」へと続きます。本文に

2 宇治橋下流

整備された堤防や鉄道によって新たな導線がつくられ、違う場所のようにみえる。

は次のような解説があります。

豊後橋　平戸橋の上にあり。向嶋にわたす。当地第一の大橋なり。長さ百十間。北は紀伊郡、南は久世郡に属す。

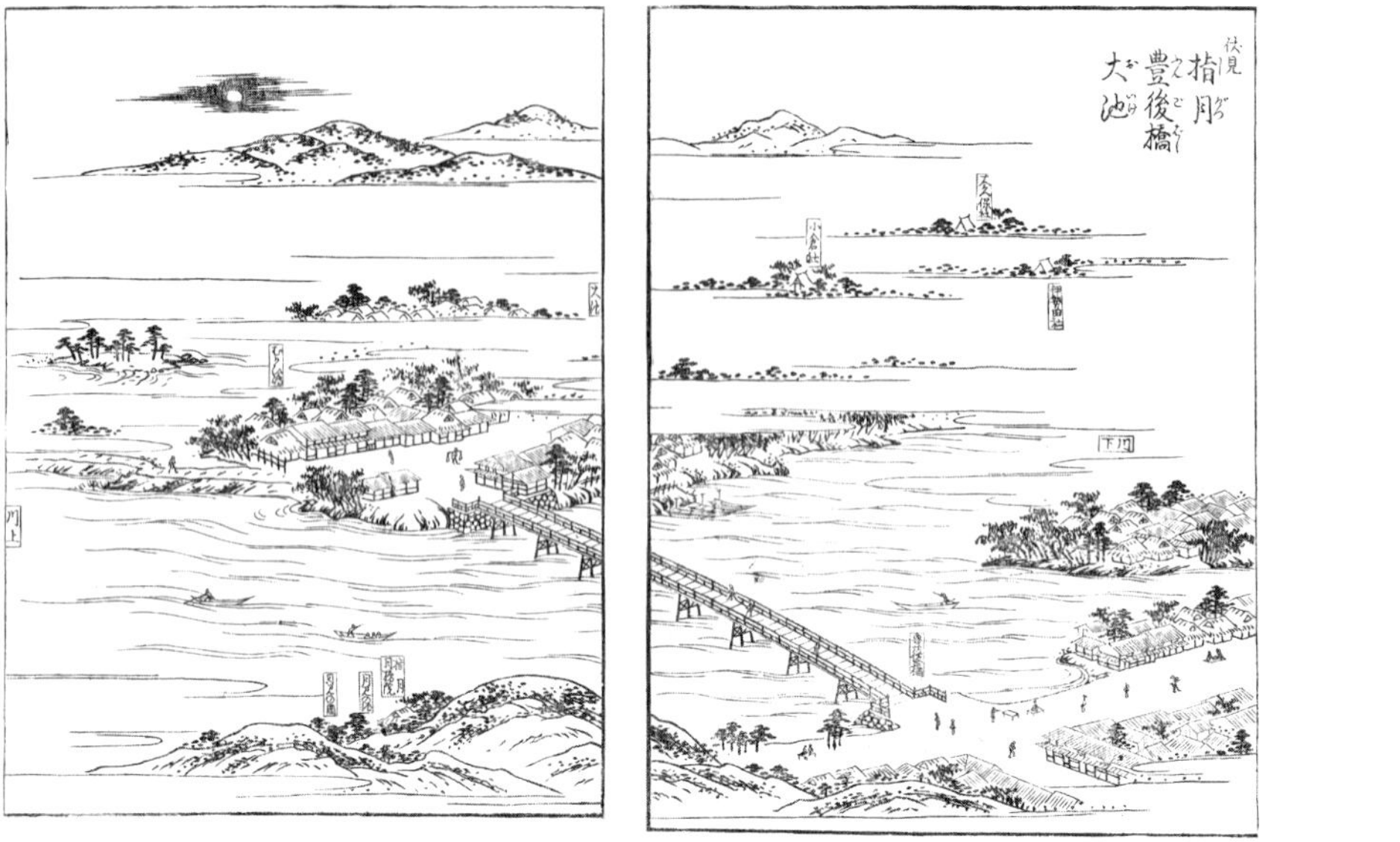

『都名所図会』巻五　伏見指月、豊後橋、大池

伏見の町にとって、豊後橋北詰は大和街道の起点・終点でしたから、「当地第一の大橋」という表現は決して誇張ではなかったのです。

絵の左側、橋の上部にみえる「けんざきいなり」は、濠川《はりかわ》支流の東端、平戸橋の南詰にあります。本文には次のような解説があります。

剣崎稲荷祠　平戸橋の南詰にあり。此所は宇治川のながれ弾正じまをさしはさんで、左右に分れながる、崎なり。〔中略〕霊験あらたにて詣人平日《つね》に間断なく、赤の鳥居幾許《いくばく》となく建列《たてつらな》り、社頭には数株の桜ありて、弥生の花盛りには殊更に美観なり。原《もと》より此地は宇治川の中間に築出せし崎にして、東に豊後橋長《ながく》よこたはり、左には指月の杜、右に向嶋、巨椋の入江渺々《べうく》とし、月影流水に漂ふ光景《ありさま》、雪の朝《あした》の眺望又絶勝なり。

この付近は非常に風光明媚な土地で、月夜はいわずもがな、雪が降り積もったおりなどは、さらに

伏見観月橋（大正・昭和初期の絵はがき）

絶景であったといいます。また、大和街道を往来する旅人も立ち寄ったとみえ、多くの参詣者で賑わっていたことがわかります。いまでも平戸橋のたもとには、ちいさな祠が残されています。

絵の右側、山裾に「指月」がみえます。これは豊後橋北詰から東江戸町までの地名である、と本文にあります。「伏見の勝地」で、「月を愛するは無双の景色にて、古へより高貴の楼閣を営み、清質の悠々たるを升《あげ》、澄暉《ちゃうき》の藹々《あい〱》たるを降《くだ》すの地」であると解説しています。絵の「指月」の右下部には「さんや」の文字。なるほど、なるほど。ここは豊臣秀吉ゆかりの三夜の景勝を愛でた話が残る場所で、「月見の岡」、「宇治見山」とも呼ばれていました。秀吉がここに月見のための楼台を設け、一夜にして山にかかる月、水面に映る月、酒盃に浮かぶ月という三つの趣向の月を楽しんだといわれる名所なのです。この絵は夜の景色ではありませんから、月を観ることはできません。しかし、昼間も景色がよろしい。宇治川を行き交う舟と巨椋池を眺めながら、床几《しょうぎ》で一服する人々の姿が描かれています。

◆豊後橋　向嶋　巨椋堤　巨椋江　其二

この挿絵は豊後橋の南詰周辺を描いています。絵の右、豊後橋の上部にみえるのが向島《むかいじま》の町並みです。本文の解説には「〔豊後橋の〕南詰を向島といひて旅《はた》宿《ごや》、貸食家《りやうりや》、諸商賣の家建つゞきてにぎはし」とあります。豊後橋の架橋と同時期に巨椋池畔が整備され、いわゆる太閤堤と呼ばれる巨椋堤《おぐらのつづみ》や槇堤《まきのつづみ》が築かれました。このことによって大和街道に接する向島地域が繁華となったのです。

絵の左側、左端に見えるのが

2　宇治橋下流

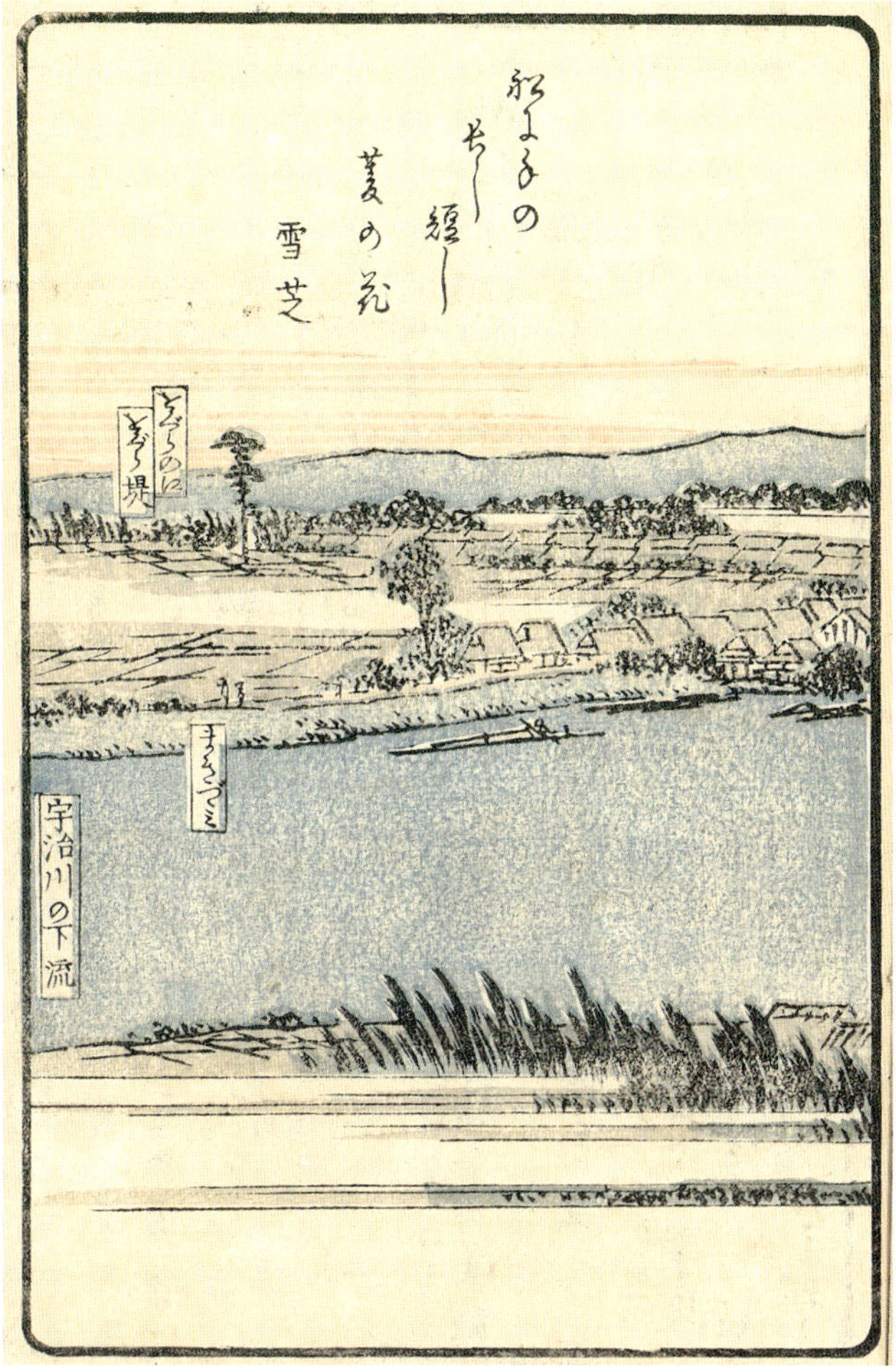

堤防と川沿いの建物が巨椋池の眺望を遮り、雄大な景観を背に観月を楽しむことは難しい。

「をぐら堤」、「まきのつゞみ」。この堤について、江戸時代後期の漫遊家として知られる百井塘《ももいとう》雨《う》の『笈埃随筆《きゅうあいずいひつ》』には次のように記されています。

桃山御陵地より三夜荘を望む　桃山御陵地西南にあり
前面に淀川を控へ風光明媚の地なるを以て知らる

桃山御陵地より三夜荘を望む（大正・昭和初期の絵はがき）

是太閤秀吉の時、今の巨椋堤築かせ、川筋を北へおとし、豊後橋を掛けられしなり。その以前は南都へ行人、京より木幡を越えて、六地蔵より宇治橋を渡りしなり。今は豊後橋を越、かの堤を通る故、左右皆大沼也。

　これによると、秀吉が堤防を築くよりも以前の奈良方面への順路は、伏見から六地蔵をぬけ、宇治橋を渡って南下するルートだったことがわかります。こうして、大和街道の行程は大きく短縮されることになったのです。

　また、絵に「をぐら入江」とあるのは巨椋池の入江。本文の解説には次のようにあります。

巨椋入江　〔中略〕此入江には蓮、河骨《かうほね》多く生じて、夏月《かげつ》の花盛には殊さらに美観なり。小舟に棹さして、こゝに炎暑をさけ、遊宴を催すに双《ならび》なし。冬は水鳥許多《あまた》あつまり、且常に鱗《うろこず》。しば〳〵生ずれば、此辺の里民漁猟をなすの地とす。周《ちなみ》に云、此入江の蓮葉蓮花ともに七月上旬にいたれば残らず切りとりて、京摂《けいせつ》の精霊会《しやうりやうえ》にひさぐを風《ならひ》とす。さる程に蓮花の景色を眺望せんと欲せ

蓮見を楽しむ遊客（宇治市歴史資料館蔵）

ば、六月下旬より七月十日已前までに行ざれば見ることあたはず。遊客かねて心得べし。

河骨とは黄色い花を咲かせるスイレン科の植物。巨椋池畔は、夏には色とりどりの水生植物が、冬には水鳥が、それぞれ遊客の目を楽しませていたことがわかります。ただし、蓮見物には注意が必要。京都・大坂の盆飾り用にここの蓮が出荷されるので、七月上旬をすぎると見ることができなくなってしまいます。見ごろは、六月下旬から七月一〇日まで。

時代は下って昭和の初め。一九三三（昭和八）年から一九四二（昭和一七）年にかけて巨椋池の干拓工事がおこなわれ、水辺の風景は広大な水田へと姿を変えました。

和辻哲郎は「巨椋池の蓮」という随筆のなかで、宿の朝食に出された蓮飯《はすめし》について記しています。蓮飯とは具材に蓮の葉を細かく切って炊き込み、さらに蓮の葉にくるんで蒸したもの。こうした人びとの目や耳を満たした池畔の名物も、今では耳に聞くばかりとなってしまいました。

◆甘樫浜《あまかしのはま》 静川渡口《しづかはのわたし》

絵は甘樫浜と静川渡口とを北東から眺めたもので、右下が宇治川左岸になります。静川とあるのは現在の志津川のこと。この付近は志津川と宇治川とが合流する地点で、江戸時代には渡し場がありました。また、上流から運ばれた柴や薪が集積される場所でした。ここから下っていく舟が、「宇治の柴舟《しばぶね》」ということになります。

甘樫浜について、本文には次のようにあります。

3 宇治橋上流

柴や薪を積み出した甘樫浜は、植物に覆われ当時の面影はみられない。

平等院より十町余川上にあり。此所は田原郷《たはらがう》より柴・薪を運び出す場所にして、これより船につみて伏見に送るなり。また田原郷より川上の奥山は、牛馬往来の道なきゆへに、薪

宇治名所　天ヶ瀬の瀧（大正・昭和初期の絵はがき）

を伐て竹の輪にて束ね川に流し、此甘樫にて船にのりて、流る、薪をとり上げ、竹の輪をぬきて縄にて束ねかへ、船につみて運送す。其薪を流す事、幾万束といふ。数をしらず。急流に漂ひ、しだい〱

宇治川風景　鮎掛（大正・昭和初期の絵はがき）

打つゞき流る、光景《ありさま》、おびたゝしくも甚《いと》奇観なり。

これによると、上流の田原から流された柴や薪はこの浜に集められ、舟に積み直して、下流の伏見へと運ばれていたことが

宇治風景　宇治川上流（大正・昭和初期の絵はがき）

わかります。また、田原から宇治川沿いへ向かうには牛馬が通行できるような道がなく、竹の輪で束ねた薪をそのまま川に流していました。その量おびただしく、この付近の「奇観」であったといいます。

絵の右側、甘樫浜には木材をしまうための蔵と、大きな木材が積み上げられているのがみえます。絵の中央下には、木材を小さく伐りわける人の姿が描かれています。その左、宇治川岸では同じ寸法に整えられた木材を舟に積み込んでいます。一方で、絵の右下にみえる道を行けば、宇治川上流へと向かいます。先述のとおり、田原方面へは牛馬による運搬はできませんでしたから、近場で集められた薪は人が背負って運んだのです。

　甘樫浜から対岸の静川の浜へ向かうには舟を利用します。それが静川の渡口。絵の左側、中央あたりに、二人の客を乗せた渡し舟が描かれています。奥手にみえる岩場にも、舟を利用したと思われる人の姿がみえます。

宇治　白川の浜舟
（大正・昭和初期の絵はがき）

　静川の浜から少し上流には、鮎汲場や行燈石と呼ばれる行燈《あんどん》の形に似た巨岩がありました。また、茶臼が瀬と呼ばれるところがあり、流れがうずを巻き、茶臼をめぐらすさまに似ているということからこの名がついたといいます。このように、甘樫浜、静川の渡口の周辺には人びとの舌や目を楽しませるさまざまなものがありました。

　現在、甘樫付近は、豊かな水量を利用した天ヶ瀬《あまがせ》ダムに姿を変えています。もともと「曲瀬《まがせ》」が転じて「あまがせ」となり、さらに「甘樫」と変化したといわれています。今日ある「天ヶ瀬」という地名も、その名残であると思われます。琵琶湖から宇治へと向かう宇治川の流れは、曲がりくねっていて、まさしく「曲瀬」であったことがわかります。

鮎汲場《あゆくみば》

宇治川の名産として名高い鮎。『雍州府志』には次のように記されています。

「侍中群要」に山城国宇治の御網代より日毎に鮎魚を進《たてまつ》るとなんかけるも、今は此例なくて、弥生の頃は鮎汲とて平等院より十町ばかり川上櫃川のわたしのほとりにて、人々は巌の肩にならび居て、早瀬を登る若鮎を汲上ゲ汲上ゲ輿に乗じき。

3 宇治橋上流

志津川の対岸にあたる鮎汲場の辺りは、今も岩場であり、釣り人の姿がみられる。

ここに引用されているように、橘広相《たちばなのひろみ》が著した『侍中群要《じちゅうぐんよう》』には、宇治の網代と葛野川《かどのがわ》でとれた鮎は宮中に献上されていたことが記されています。ただし、

『都名所図会』巻五　宇治川の鮎汲み

江戸時代、この慣例は途絶えてしまっていたとのこと。かわりに、グルメの諸人が宇治川で鮎を汲んで楽しんでいたのです。

宇治川で鮎汲みをするのに最適な場所は、鮎汲場と呼ばれていました。絵はその鮎汲場と、対岸の甘樫浜を描いています。本文の解説には次のようにあります。

静川のわたし場より二町ばかり川上にあり。晩春《やよひ》の頃は遊客こゝに来たりて、巌の肩にならび早瀬をのぼる若鮎を汲上げ、直《ただち》に鱠《なます》として酒肴に用ひ、終日《ひねもす》宴楽して興に乗ず。所謂《いはゆる》一奇なり。

鮎汲場は、静川の渡口の二町（約二二〇メートル）ほど上流にありました。三月ともなると、若鮎が目当ての人たちで賑わったのです。とれたての新鮮な鮎は、まずなますで一献。鮎は岩についた苔を餌に育ちますから、生で食しても香りがよい。香魚とも呼ばれるゆえんです。宇治川の絶景に絶品の肴ですから、酒もすすむ、すすむ。

宇治名所　横谷の瀬鮎汲場風景（大正・昭和初期の絵はがき）

絵の手前、鮎汲場では鮎を汲み上げつつ、酒宴に興じる人びとがみえます。ここに描かれた状景をズームアップしたような挿絵が、『都名所図会』巻五に収載されています。

この絵の左、川のそばで網を手に、瀬をのぼる鮎を汲もうとする男性。「あそこにみえてるやろ。」ベテランの男性が川中の鮎を指さし、アドバイスしています。手慣れない様子の右側の男性、気を引き締めねらいを定めます。

絵の右では、敷物をしいて旬の味を楽しむ男性たち。年配の男性はいかき（ざる）に盛られた鮎をみて、「まずは、鱠《なます》がよろしいな」。酒がすすむのを見こして、かたわらの下男たちは燗をつけています。

今日、わたしたちが口にする鮎の大きさは、一五センチメートル前後といったところでしょうか。この絵の鮎は、少々小ぶりにみえます。はしりの鮎、ということもありますが、笹の葉くらいの大きさがいちばんの美味だとか。つまり、この絵のグループはそれを知っての酒宴なのです。

ちなみに、宇治川の名物には鮎だけでなく、鰻を利用した宇治丸もあります。宇治丸とは鰻鮨のこと。文政一三（一八三〇）年に出版された『嬉遊笑覧《きゆうしょうらん》』の「飲食編」にも紹介される、宇治の名物だったのです。

◆米淅《こめかし》

琵琶湖を水源とする宇治川の流れは、はじめ西よりに南下し、田原川と合流し、西よりに北上して、宇治へと向かいます。なかでも田原川との合流地点のあたりは、流れが速く、岩場にあたる水がしぶきをあげていたという。鮎汲場のさらに上流、米《こめ》淅《かし》は、そのような急流の場所でした。本文の解説には次のとおり。

鮎くみ場の上にあり。急流巌にあたり、白浪漲《みなぎ》りおこつて、

3

宇治橋上流

湖面の下に、米を洗うがごとくみえた激しい流れがあったことを、今では想像もできない。

其光景あたかも米をあらひ淅《かす》がごとし。此所を下の米かしといふ。

米淅という地名は、米を洗っ

View of Uji River.
米瀧の絶景（宇治川名所）

宇治川名所　米漉の絶景（大正・昭和初期の絵はがき）

たときの浙《かす》に似ていることにちなんで名づけられました。それほどまでに急流で、浪が荒かったのだということがわかります。なお、解説の最後に「下の米かし」とありますが、「上の米かし」は瀬田川上流にあります。

絵は米浙を描いたもので、右下が下流、左上が上流です。その荒々しい流れがよく伝わります。右隅の上部をみると、宇治と近江とを結ぶ街道がみえます。おそらく田原道であろうかと思われます。牛の背に荷を乗せて薪を運ぶ里人たち、菅笠をかぶった旅人たちのすがたがみえます。旅人は眼下に広がる奇観を楽しみながら、歩を進めているのです。

米浙のさらに上流には、烏帽《えぼ》子《し》岩《いわ》と呼ばれる奇岩がありました。本文には次のように記されています。

米かしの上にあり。水中にありて半《なかば》あらわる。其形、えぼしに似たる大石也。土人曰《いわく》、此石全く水に入ときは、近江の植《うへ》出しの米、凶作なりとぞ。

烏帽子岩はそのかたちを楽しむ奇岩というよりも、吉凶を占うためのものだったようです。つまり、田植えの時期にこの岩が水中にかくれて見えない年には、近江国は凶作になるといわれていました。逆に、上半分が水上にあらわれる年は豊作、ということになります。

　石瓦翁なる人物が著した『百たらずの日記』に、米かしのことが記されています。

米かしといへるは、水の岩石にせかれてしろく見ゆるか、米をかしくやうなりとてなつけ侍るとぞ。銚子の口なといふ、石のさし出たるによりて名有やうなる也。此あたりいくつも景色すくれたり、見所多かり。

　著者がここを訪れたのは天保九（一八三八）年七月一八日のこと。日野、醍醐を経て、宇治川沿いに石山へとぬける途中、この風景を目の当たりにしました。「銚子の口」とあるのは、お銚子の首のようにくびれた地形であることにちなんで名づけらた景勝地で、各地に点在しています。米淅も同様に、地勢によって名づけられたのだろうとしています。現在、著者が楽しんだ「景色すくれた」「見所」は、ダム湖に沈み、往時の早瀬の景色をしのばせるものは残されておりません。

　なお、往時の米淅をしのばせる場所が、「下の米かし」より上流の瀬田川にあります。現在でも、国道四二二号線沿いの鹿跳橋付近、鹿跳渓谷にはかえる岩や米かし岩と呼ばれる奇岩が点在しています。カヌーなどを楽しむ川下りの人びとに人気のあるポイントです。けれども、ダム建設の影響もあり、かってほどの急流はみることはできません。

◆田原川橋《たはらがわのはし》　其二　其三

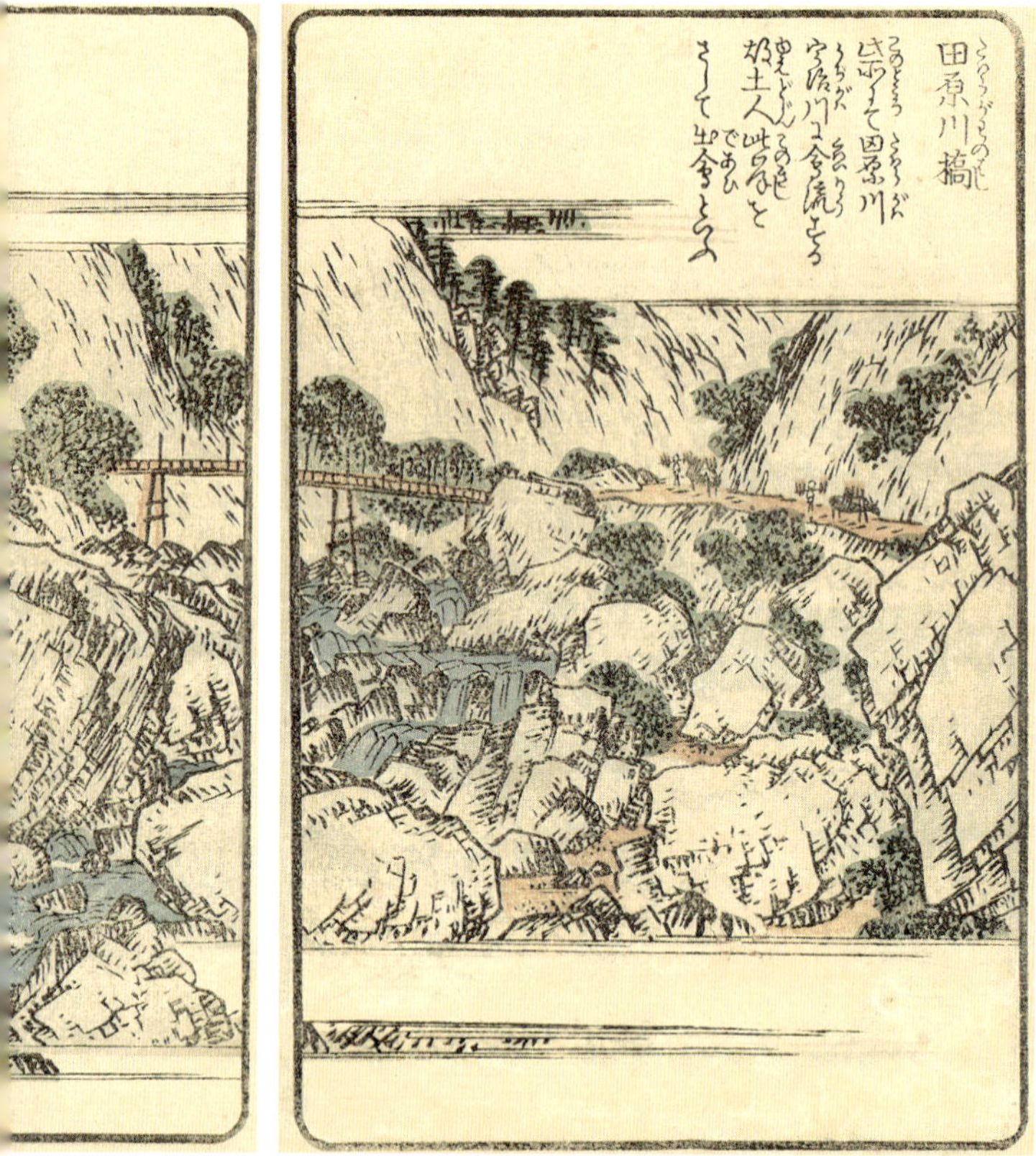

田原川橋

古代、近江国と大和国とを結ぶ要衝として栄えたのが田原、現在の宇治田原《うじたわら》町です。『拾遺都名所図会』巻四の解説は次のように記しています。

宇治橋より午未の方二里にあり。この所、綴喜郡なりといへども、いにしへより宇治田原と称す。田原は郷名にして、中に数村あり。郷口、荒木、岩本、禅定寺、熱田、平岡、大道寺、糠塚、南、切林、老中、名村、府作等なり。この

3 宇治橋上流

← 106ページへ続く　其二右側

右：田原川橋は、木製から鋼製へと変わり、川の中にあった橋脚もその形状を変えている。
左：出会いの岩の先端だけが、水面に優しく浮かんでみえる。

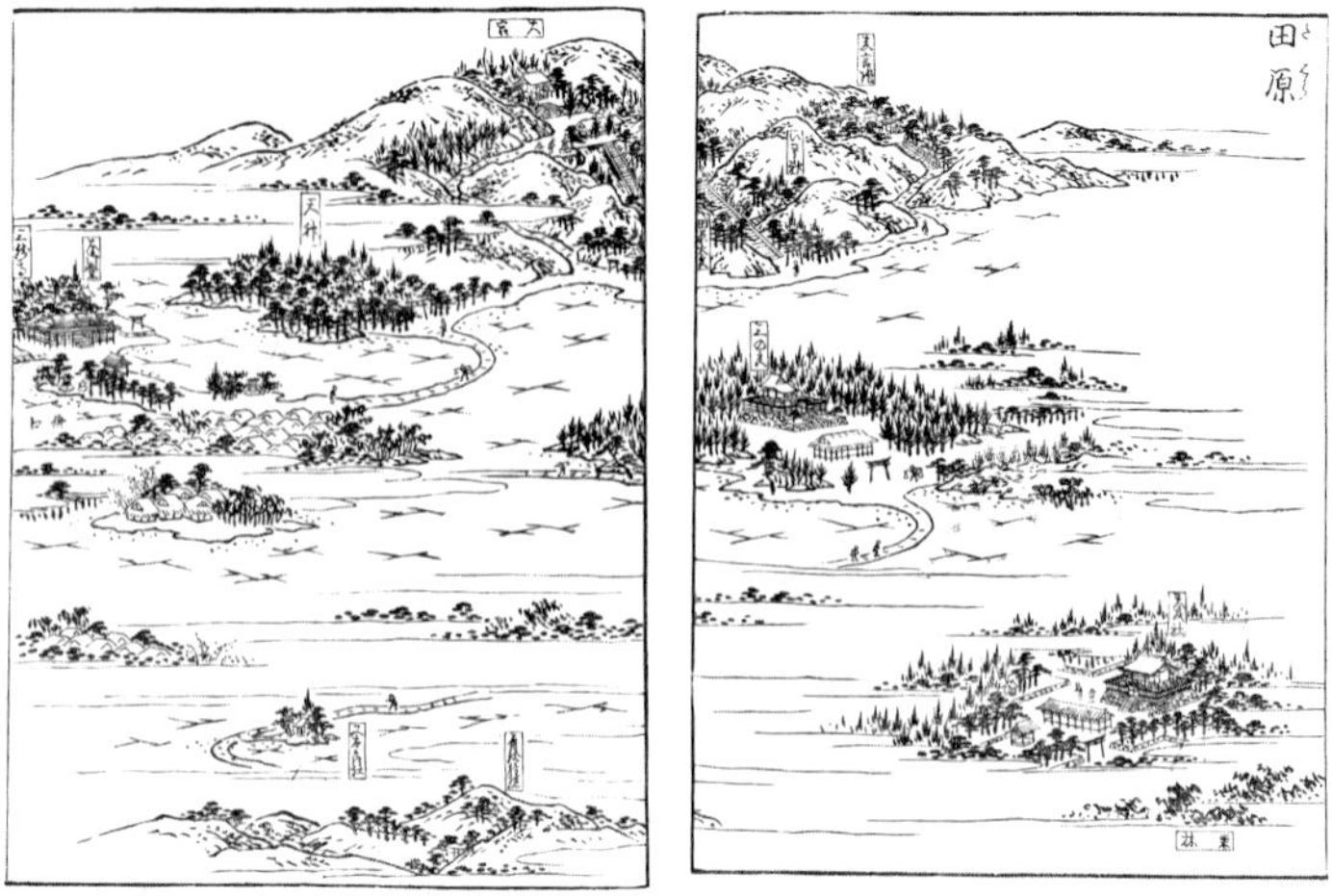

『拾遺都名所図会』巻四　田原

地四面山にして、巽の方に鷲峯山あり。北西より至を郷口といふ。この所、田原郷中都会の地にして、商人多し。また茶店などあり。

これによると、田原郷は綴喜《つづき》郡のうちなのですが、古くから宇治田原と呼ばれていたことがわかります。郷中には数他の村があり、なかでも郷之口《ごうのくち》には多くの商人が住み、茶屋などもあったようです。この田原郷のなかを流れるのが田原川。やがて、宇治川と合流します。

「田原川橋」と題する絵は、宇治川と田原川とが合流する地点を描いています。中央にみえるのが田原川に架かる橋、現在の宵待橋《よいまちばし》がこれ。ですから、北西からの眺望ということになります。

絵の上部の解説は次のとおりです。

此所にて田原川、宇治川に会流する故、土人此岸をさして出会《であい》といふ

この付近、ふたつの川の流れが出会う場所ということで、「出会」と呼ばれていたようです。さらに、本文は次のように解説をつけ足しています。

往来に土橋ありて、下には巌石岨《そはた》ち、その風景いわんかた

なし。此橋の下にをりて石上に茶を煮、瓢《ひさご》を傾《かたふ》けて遊宴し、山水の奇観をたのしむ人多し。

『都名所図会』巻五　宇治田原名村、煮栗焼栗林

「土橋」とは先にあげた宵待橋のこと。田原川橋「其二」と題する絵は、橋の下に敷物を広げて宴する人びとの姿を描いています。このように風趣を好む人びとは橋の下へ降り、早瀬の景色を肴に茶や酒を楽しんだのです。酒のみならず、茶を嗜むところがこの地らしいところ。

　田原で茶、とくれば、忘れてはならないのが永谷宗円です。鎌倉時代には栽培されるようになったといわれる茶ですが、その製法は今日とは異なっていました。現在のような「蒸す」、「揉む」、「乾燥」の工程で製茶する方法は、宗円によって考案されたのです。元文三（一七三八）年のこと。それまでの煎茶は茶葉が赤黒く、味、香りともに優れませんでした。ところが、宗円の作る煎茶は茶葉が青く、味、香りともに芳しい。この煎茶に目をつけたのが山本喜兵衛、江戸日本橋の茶商です。こうして宗円が作った「青製煎茶《あおせいせんちゃ》」は、ひろくその名を知られるようになりました。本文にある「茶」も、おそらくこの「青製煎茶」。伏見の酒に田原の煎茶、そして絶景を同時に味わうことのできる名所だったのです。

　「其三」の絵は田原川との合流地点からみた宇治川下流方面の

眺望です。米淅にも劣らぬ早瀬が、岩場にあたってしぶきをあげるようすがよく伝わります。絵の左上、賛の発句は六和の作。

夕せみの　声流れ行　早瀬かな

川辺で涼をとりながら吟じたもので、鳴く蝉の声がかき消されてしまうほどの早瀬を眺めているのです。宇治川には多くの奇岩がありますが、さらに上流域のことが本文に解説されています。

其二左側　103ページより続く ←

右田原川の出会より奥屏風岩、紅葉が渕、千束《せんぞく》岩、不動岩等をはじめ、上の米かし、鹿飛《しゝとび》、銚子口《てうしのくち》にいたるまでの間、奇《き》石怪巌《せきくはいがん》をくはしく真写し、薪流しの光景、獺穴《うそあな》、犬戻《いぬもどり》の難所を図し、続て出だす。

これをみると、数多の「奇石怪巌」があったことがわかります。絵の中央あたり、対岸には薪流しのようすが描かれています。束ねた薪を早瀬に流そうと、

3　宇治橋上流

其三

作業をする二人の男性。束が早瀬に負けぬよう、しっかりと縛らなければいけません。

　風流を楽しむ数寄者も、日々の労働に励む里人も、すべては川の豊かな流れによって支えられていたのです。ここもまた、ダムの建設によって、大きく景観を変えています。（西野由紀）

対岸岩肌や白く波打つ流れは、鳳凰湖（ダム湖）に沈み、今では波ひとつない。

◆◆かつての宇治川川漁◆◆

―天ヶ瀬ダムができる前の川漁について教えてください。

専業の川漁師が約二〇名、兼業では五〇名ほどいました。志津川を境に、上流は田原と志津川の漁師、下流は宇治市内の漁師の漁場でした。宇治の町と志津川の仲買商は、漁の終了時間を見計らって漁場まできました。

お金になるのは鮎と鰻。どちらも出合（宵待橋のあたり）でよくとれました。一日で鮎を七〇〇尾とったときは家の風呂を生簀《いけす》にしました。鮎は桶に入れて天秤棒で担ぎ、途中の谷で水を換えながら町に運ばれたものです。鮎を担いだ人が通ると、あたりに西瓜《すいか》のような香りが漂いました。

―『拾遺都名所図会』には春の鮎汲みが紹介されています。

三月から四月が稚鮎の群が川を上るシーズン。大峯ダムの魚道沿いに上まで歩いていくと、魚道から飛び出して草むらで跳ねている鮎がバケツ一杯拾えました。

増水時には、急流の岸近くに石を詰めた米俵を沈めて水の流れを変え、集まる魚を夜に網ですくうツボ漁をしましたが、一晩で二〜三〇貫（約一〇〇キロ）もとれました。夏に南郷洗堰放流量が減ると、川の水は大峯ダムで発電用に取水され、ダムから志津川発電所の放水路までのあいだは谷川からのわずかの水しか流れなくなりました。水がきれいで底まで見通せたので、深みに取り残された魚をとる素潜り漁に好適でした。

―宇治川の鰻は宇治丸といわれ有名だったそうですね。

冬に淀川河口にやってきたシラスウナギが、だんだん大きく色も黒くクロコとなって六月には宇治に上ってきました。長さ二〇〜二五センチ、小指くらいの太さのクロコを宇治ではビリウナギといいました。水が少しでも流れていれば溯上するため、大峯ダムのコンクリート壁は昼間から上っていく鰻で真っ黒になり、ダム湖側から船で堰堤の天端に行けば上ってくる鰻をちり取りでとれたし、下流側から網を持って近づけば人の気配で落ちてくる鰻が網の中に入りました。ビリウナギは浜松の養殖業者が引き取っていきました。

秋には、産卵のため琵琶湖から海に下る鰻が宇治発電所用水路に入り込み放水路に流れてくるところを、網や素潜りでとりました。天ヶ瀬ダムができて落ち鰻は激減しました。

―天ヶ瀬ダムができて宇治川は随分変わったのですね。

魚は上れなくなり、専業川漁師は他の川に移っていきました。土砂も流下が止まり川の様子は大きく変わりました。砂地の蜆は姿を消し、投網を打った砂浜も今は岩ばかりです。漁の時には飲んでいた川の水も汚れ、魚は少なくなり、行列で川を上っていたアユモドキもいなくなりました。しかし、宇治川の水は宇治でも下流大阪でも水道水・人間の飲み水です。宇治川に無関心でよいのだろうか、と思います。

※素潜り漁で「宇治川のがーたろー」と呼ばれた小山勝利氏、ツボ漁を得意とされた高橋春夫氏及び宇治川漁業協同組合組合長中村英一氏の三氏からの聞きとりによる。

（加納伸晃）

Ⅲ　宇治川をめぐって

名物と名産品——風土とくらしが生んだもの

現在も京都近郊随一の観光スポットである宇治は、近世には京洛から足を延ばす文人墨客の訪問地であった。交通ネットワーク上で宇治川渡河点の重みが低下した後も、平等院や宇治橋の存在とあいまって、宇治川の流れと景観や宇治に蓄積された歴史文化は、人々を惹きつけ、宇治川河畔の茶所である宇治の風土とくらしから名物・名産品が生まれた。

喜撰糖の看板
（菓子司　能登椽稲房安兼の店内にて）

「茶所」のお土産——喜撰糖と茶団子

観光地には土産品のお菓子がつきものである。

江戸時代、名所宇治の代表的土産品にもお菓子があった。享保年間に製造開始し御室御所に上納されていたと伝わる喜撰糖である。喜撰糖は、一九二六（大正一五）年に京都府内務部が発刊した特産物・名産品の解説資料『京の華』でも、「餅粉、砂糖、片栗粉、挽茶を混合し之れを型に入れて押し抜きたるものなり」と解説される名産品であった。明治時代も、県《あがた》まつりのにぎわいを伝える『日出新聞』（明治二四［一八九一］年六月七日付）は、「参詣人を目当に名物の新茶及び喜撰糖は固より種々の品を商ひ居るもの其数を知らず」と伝えており、変わらぬ宇治名物であったと思われるが、今は製造されていない。

喜撰糖の生産販売を行っていた菓子司のご主人稲房安兼氏によれば、時代が変わり、喜撰糖のような大きな落雁は人々の好みに合わなくなったからだという。店内に今も残されているゆかりの看板や木型などから、今は姿を消した宇治名物が偲ばれる。

宇治土産茶団子
（色合いもさまざま。女性にも食べやすいよう小振りにつくられたという）

宇治の手軽な土産菓子である茶団子も『京の華』に登場する。「宇治川に一名宇治紫と称する石あり、是を形どり大正元年頃より之を作り販《ひさ》ぎたるに始まり、現今宇治の土産品の一となれり」との沿革が記され、二名の生産販売者が掲げられているが、現在は、多くの菓子舗で茶団子が製造販売されている。深緑、抹茶色、うぐいす色等々色合い、大きさ、味、腰の強さ、串の有無など個性豊かだ。

一九一九（大正八）年に茶団子を考案したという須知万吉氏の孫にあたる須知満氏（㈱大茶万本店　代表取締役）によれば、万吉氏は当初は登録商標をとり茶団子の名称を独占していたが、一軒だけでなく皆で作ったほうが茶団子が広まるということで広く作られようになったという。しかし「宇治紫」に似せて団子をつくったとは聞いていないとのことだ。宇治川の川石でも珍重された「瀬田真黒《せたまぐろ》」とはちがって、「宇治紫」には戦の亡者の霊がついていると忌み嫌う人もあった、とのお話であった。

一九一三（大正二）年京阪電車の宇治開通によって宇治への観光客が爆発的に増加したことを背景に、茶所の新たな名物茶団子が広まり、宇治川と結びつけられたのであろうか。

宇治川の川魚――名産品　宇治丸など

名石とされる「宇治紫」を介した茶団子と宇治川とのつながりは、名石愛好家にもわかりにくいかもしれない。しかし、かつては、宇治川とその水辺で営まれたくらしに関わりが深い名産品があった。川魚である。

江戸初期の俳書『毛吹草《けふきぐさ》』（一六四五年）では、宇治川の名産品として魚類と「鰻鮓《すし》」が挙げられ、鰻のすしを「宇治丸」ということが書かれている。また、近世の代表的な地誌である『雍州府志《ようしゅうふし》』（一六八六年）の土産門にも、宇治川の鰻が美味で、大きなものは宇治丸ということ、宇治丸は蒲焼きによく、すしにして貯蔵するにもよいこと、宇治川の「河鱸《すずき》」もまた美味であることが記されている。

江戸時代末、安政二（一八五五）年五月、幕末の志士清河八郎は、奈良から京都への途上、県《あがた》神社の祭礼前で賑わいをみせる宇治に立ち寄り宇治橋畔の旅館菊屋に宿泊した。宇治の景色が気に入った彼は、それゆえ「酒をよひ、宇治川の魚をくらひ、且茶食なと命してをもしろくたのしみ」と日記『西遊草』に記し、宇治川の魚について「処々に魚釣多く鮎・はへ等沢山に得るとそ」とふれている。また、越前藩主松平春嶽は、在京時の日記『京都日記』に慶応三（一八六七）年六月に萬福寺、興聖寺、平等院見物をした昼食に茶飯と焼鮎を食べたことを記している。ご当地の川魚を、ということで供されたのであろうか。

宇治・宇治丸がメニューに現れる茶会や饗応

永禄6年（1563）	多聞山城で松永久秀が行った茶会 九十九髪茄子茶入、平蜘蛛釜といった名器を用いた	宇治
永禄8年（1565）	多聞山城で松永久秀が行った茶会 千利休を招き宇治川三の間の水を用いて行った	ウチ丸
天正10年（1582）	安土城で織田信長が徳川家康を饗応した 接待役の明智光秀が信長から叱責された	うちまる
天正18年（1590）	豊臣秀吉が毛利亭に御成	宇治丸

『松屋会記』（『茶道古典全集』）、『天正十年安土御献立』、『天正十八年毛利亭御成記』（『続群書類聚』）より作成

これら宇治川名産の川魚のなかでもっとも気になるのは「宇治丸」である。

宇治丸は中世一五世紀後半には宇治五ヶ庄にあった近衛家の荘園から毎年年貢物として貢進されていた（『宇治市史』）。戦国期になると著名な茶会や饗応の献立にしばしば登場する。もちろん、鰻のすしといっても発酵食品の熟れずしであると考えられる（酢漬けとみる見方もある）。

宮中女官によって書き継がれた『御湯殿の上の日記』は、室町時代一五世紀半ば過ぎから江戸時代一九世紀初めまでの、三五〇年分の日記であるが、西暦一六〇〇年までの最初の一二〇年間に二〇〇回以上もすしの記述があらわれるという。単に「すもじ」と記され何のすしか不明のものが四分の三以上であるものの、三九回出てくる魚のすしのなかで、宇治丸（三回）は、鮎、フナに次いで多い（篠田統『すしの本』）。宇治丸の名は、宮中でも知られていた。

江戸時代も半ばの元文二（一七三七）年に社寺周辺の茶屋、料理屋についてふれた『洛陽勝覧』では、宇治の料理屋には宇治丸という鰻のすしがあり名物であるが、よく値段を確かめてから買うべきだ、うっかりとは買えないものだと書かれている。

さまざまな記述をみると、宇治川の鰻じたいも、鰻のすしも宇治丸と呼ばれていた。宇治丸は贈答品やおもてなしの品に多く用いられ、安くはなかったということであろう。資料のなかには、宇治丸とは鰻の蒲焼のことだ、とするものもあり、現代でも蒲焼の起源を宇治と推測する意見もある。宇治丸こそは、中世から近世にかけての宇治川名産品のシンボルであったといえるかもしれない。

近代に入り、川魚は名産品から姿を消していく。治水事業としての旧南郷洗堰《あらいぜき》完成（一九〇五年）、新たな利水形態としての宇治発電所の運転開始（一九一三年）で宇治川の河川環境は大きな変化を遂げた。一九二三（大正一二）年に刊行された『京都府宇治郡誌』では、鮎について「主として宇治村志津川濱にて漁獲せらる維新前は志津川より毎年鮎若干を禁裡に献納せりと云ふ」と紹介するとともに、「鮎三万尾鰻三百貫内外にて平均一万円以上」であった年間漁獲高や「鮎汲鰻汲と称し流水湛々として激流にあらざれば漁獲するに能はず」という宇治川独特の漁法については、鮎のみならず鰻もとりあげて紹介している。

同書ではつづけて「宇治川水電第二期工事に際し堰堤敷設」で補償金を得たが漁獲高が激減したことが書かれている。しかし、一九二四（大正一三）年に大峯ダムができた後も春には稚鮎が遡上し、鮎や鰻の川漁がおこなわれていた（一〇八ページコラム参照）。

一九五三（昭和二八）年の大水害を契機につくられた天ヶ瀬ダムによって、魚類の琵琶湖遡上の道は完全に閉ざされ、琵琶湖の水質や生態系が社会的問題にもなっている今、宇治川では宇治川漁業協同組合の放流事業に支えられた遊漁が残り、現代の川辺の風景となっている。

鵜飼――観光宇治の水上ショー

鵜飼は宇治川の夏の夜の風物詩である。川面をわたる涼風を感じ鵜匠と鵜が篝火の炎に照らしだされる夏の夜の水上ショーも、古来東アジア各地で広くおこなわれた漁法であり、日本でも各地でおこなわれていた。平安時代に宇治川の鮎・氷魚《ひお》（稚魚のこと）が京都の朝廷に進貢されていたとの記録があり、天平宝字六（七六二）年七月一九日付の「正倉院文書」から、すでに奈良時代に宇治川でも鵜飼がおこなわれていたとの推測もされている。

宇治名所　宇治川の鵜飼（昭和初期の絵はがき）

一方で、網代とともに鵜飼は宇治川の風物詩であり、藤原道綱の母が天禄二（九七一）年の初瀬参詣の帰路に見物した鵜飼について記した『蜻蛉日記《かげろうにっき》』からもうかがえるように貴族たちにとって遊覧の対象でもあった。

鵜舟が篝火で夜の川を照らし貴族の旅に供奉した記録もある宇治川鵜飼であったが、弘安二（一二七九）年の後深草・亀山両院御幸時の鵜舟遊覧を最後に、史料にまったくあらわれなくなった（『宇治市史』第二巻）。平安時代末期に仏教の殺生禁断の思想が大きな影響力をもってくると、殺生禁止令もたびたび出され、石和川《いさわがわ》（山梨県）を舞台とする謡曲「鵜飼」や中世流行歌集『梁塵秘抄《りょうじんひしょう》』の鵜飼をテーマとした歌からもうかがえるように、鵜飼は罪深い生業とみなされるようになってしまった。それでも、正安元（一二九九）年奥書の『一遍上人絵伝《いっぺんしょうにんえでん》』をみると、琵琶湖と桂川の風景の中に鵜舟と鵜が描かれており、桂川での鵜飼は以後の記録にもあらわれる。桂川とともに山城国の代表的な鵜飼の地であった宇治川から鵜飼の消息がいち早く消えてしまったのは、宇治の地がこの世の極楽と考えられたことが背景にあったのであろうか。

記録が途絶えて六百五十年後の一九二六（大正一五）年、長良川（岐阜県）の小瀬の鵜匠を招き鵜飼は再開された。宇治川の鵜飼は、今では宇治観光の代表的景物のひとつとなり、近年は、全国でも数少ない女性の鵜匠も登場して注目を集めている。鵜匠が演出する水上ショーの舞台は、現代の宇治川。鵜飼の鵜はブラックバスやブルーギルも捕らえる。ダムができて宇治川の魚は琵琶湖に遡上できなくなったが、琵琶湖の魚は川を下り、流されて宇治川にやってくるのだ。

川の流れは、ダムで人為的な流量操作がされ、流れの中では琵琶湖を席巻する外来種が泳いでいる。現代鵜飼の背景には、このような今の宇治川の河川環境がある。

◆◆女性鵜匠　澤木万里子さんにインタビューしました◆◆

―鵜飼はどこでおこなわれているのでしょうか？

基本は、本流です。宇治川の流れと広がりのある空間の中でお客様にご覧いただくのがベスト。宇治川が増水したときや、川底の石の状況などで本流でできないときは派川（塔の島より平等院側の流れ）

でおこないます。本流と派川とのあいだは閉めきられているので、クレーンで舟を上げて移動することになり経費もかかります。流量が毎秒四〇〇トンに達して塔の島が立入禁止になると、立入禁止が解除されるまで派川でもできません。

―派川での鵜飼は本流とどんな違いがありますか?

風景のほかに鵜が捕る魚の種類もちがいます。本流は鮎も多いし、ギギ、オイカワなども捕れますが、派川ではモロコ、フナや小さな魚が多くなります。でも、塔の島と川岸のあいだの狭い空間を利用してお客様に楽しんでみていただけるように工夫をしています。

―宇治川の鵜飼のセールスポイントを。

鵜舟とお客様との近さが特徴。篝火の熱さを感じながら、鵜に触れることができそうな距離からご覧いただけるので、ショー的色彩も意識してやっています。鵜に魚を吐かせる場面も、「鵜のお尻しか見えなかった」ということがないよう、お客様から見えやすいよう鵜の扱いを変えています。鵜が魚を捕るところを見逃した方にも見ていただけるように。

また、鵜飼を始める前に、ごあいさつとご説明を始めました。観光鵜飼としてお客様が楽しんでいただけるようなサービスに努めています。

(加納伸晃)

女性鵜匠の澤木万里子さん

「抹茶」の誕生——日本茶のふるさと宇治

現代の日本茶を代表する抹茶、煎茶、玉露は、いずれも南山城地域（京都府南部）で、中国から持ち帰った生産方法に改良を加えてつくりだされた、南山城地域独自のお茶である。したがって、日本茶のふるさとは南山城地域であるといっても過言ではない。

なかでも宇治で誕生した「抹茶」は、これまで鎌倉時代初期に栄西が宋から持ち帰ったお茶であると説明されてきた。しかし栄西が持ち帰った文化のお茶は、現代の抹茶の祖というべきもので、製法は似ているが栽培法がちがう。現代の抹茶の原料「碾茶《てんちゃ》」は、春先の一定期間覆《おお》いをして光をさえぎる覆下《おおいした》茶園で栽培されているが、栄西のころには覆いのない露地《ろじ》（露天《ろてん》）茶園で栽培されていた。筆者はこれらを区別するために、覆下茶園の茶葉を使った粉末茶を「抹茶」、露地茶園の茶葉を使った粉末茶を「挽き茶」としている。

ここでは宇治が、「挽き茶」を湯に溶かして飲む文化を受け入れてから、戦国時代に「抹茶」を誕生させるまでの軌跡を追ってみたいと思う。

宇治の茶園――中世における茶業の成長

宇治茶がはじめて文献史料に登場するのは、『信秋記』応安七（一三七四）年四月一日条である。南北朝時代の『異制庭訓往来《いせいていきんおうらい》』にも、「我が朝の名山は、栂尾《とがのお》をもって第一となすなり。仁和寺、醍醐、宇治、葉室、般若寺、神尾寺《かんのうじ》、これ補佐なり」とあり、茶の名産地として宇治の名前があげられている。しかし当時茶の名産地の最高位にあったのは、京都の北西に位置する栂尾高山寺であり、宇治は栂尾に次ぐ地位を与えられていたものの、仁和寺などいくつかの名産地のひとつにすぎなかった。

やがて宇治はこれらの名産地のなかから抜けだし、応仁の乱ごろには栂尾をしのぎ最高位についた。この宇治における茶業発展の礎となったのが、足利義満により整備されたとの伝承をもつ「宇治七名園」である。永禄七（一五六四）年の奥付をもつ『分類草人木』にも「相国〔将軍家〕御園森・川下、武衛〔斯波氏〕園朝日、京極園祝《いわい》・奥ノ山、山名園宇《う》文字《もじ》、その後、上林《かんばやし》これを加え七種ノ園と号《なづ》く」とある。しかし七名園がそろうのは近世初めのことであり、中世には一部の茶園が史料で確認できるにすぎない。

朝日園跡

朝日園は七名園のなかでも早くからひらかれた茶園である。南北朝時代の『遊学往来《ゆうがくおうらい》』にも茶の名産地として「宇治朝日山」の名がみえる。さらに天文一七（一五四八）年三月付「北村宗満申状案《もうしじょうあん》」（『賦引付並徳《くばりひきつけならびにとく》政方《せいがた》』）に「宇治茶苑内森并《なら》びに三筋苑等」や「山名殿御苑」とあるように、山名園と森園の存在も確認できる。このように中世後期の宇治には、七名園すべてではないが、のちに七名園に数えられた将軍家や有力守護大名家にかかわる茶園が存在していたことが確認できるのである。

もちろん、中世の宇治の茶園は七名園ばかりではない。寛正ごろ（一四六〇年）成立した広橋兼秀の『年中恒例記』によると、宇治大路与二郎三郎と大野四郎左衛門が足利将軍家に茶を献上していた。前者は五ヶ庄の後者は伊勢田や小倉の有力土豪（地域の実力者）であり茶業者でもある（吉村亨『宇治茶の文化史』）。このように足利将軍家へは、七名園以外の宇治の茶園から茶が献上されていた。また戦国時代の宇治で茶師として活躍した堀氏の文書群『宇治堀家文書』をみると、宇治郷を中心にいくつかの茶園がひらかれていたことがわかる。これら七名園を含む中世茶園の多くは、宇治川の谷口左岸にある丘陵地から流れ出す折居川の形成した扇状地上にひらかれていた。その扇端部には、江戸時代になって「宇治七名水」に数えられるものも含むいくつもの湧水があり、これらの水は製茶用にも使われていた。（『宇治市史2』）

「抹茶」の誕生――戦国時代における宇治茶業の変革

お茶の文化は、一五世紀には農村でも受け入れられるようになった。一六世紀には、『御状引付』の末尾に書き留められた京の盆踊唄《ぼんおどりうた》の一節に「亭主亭主の留守なれば、隣あたりを呼び集め、人事言うて大茶飲みての大笑い」とあるように、庶民が普段からお茶を楽しむことができる「日常茶飯事」の時代が到来していた。このように戦国時代までにはお茶の文化が広く一般化し、全国どこでも、当時の宇治と同じ製法のお茶を作ることが可能となっていた。それは宇治に代わる名産地が出てきても不思議ではないということを意味してもいるだろう。そこで宇治は、新たにほかの地域にはない独自のお茶作りをめざしたのである。

覆下茶園。宇治茶摘み（大正・昭和初期の絵はがき）

　まず宇治の茶業者たちは、土地を次々に買い集めて茶業地域を形成し、生産基盤の強化をはかった。そのため茶業者同士の土地獲得競争も激化していた。また地域の有力土豪でもある茶業者たちは、織田信長軍と足利義昭の最後の決戦となった槇島《まきしま》合戦などの戦乱に巻き込まれ、為政者とともに没落する者もいた。結局これらの「戦い」を勝ち抜いた者だけが近世茶師として活躍できるのであった。

　そしてこれらの茶園では、栽培方法の大改革がおこなわれていた。それまでも南北朝時代の山城国三会院《さんねいん》領嵯峨松蔭茶園、室町時代前期の伏見荘御所東岸上茶園などで、木陰のある茶園が作られていた。このような茶園では、ほかの場所に植えたものよりも葉質が柔らかでうまみ成分を多く含む茶が栽培できることを、当時の人びとが知っていたものとみられる。この木陰のある茶園を発展させたものが「覆下茶園」である。

　天正末年ごろ、宣教師ジョアン・ロドリゲスが著した『日本教会史』（第三二章）には次のようにある。

そして使用に供される新芽は、非常に柔らかく、繊細で、極度に滑らかで、霜にあえばしぼみやすく、害をこうむるので、主要な栽培地である宇治の広邑では、この茶の作られる茶園なり畑なりで、その上に棚をつくり、葦か藁かの蓆で全部をかこい、二月から新芽の出始める頃まで、すなわち三月の末まで霜にあたって害を受けることのないようにする。

ここでは春先の覆いによる「霜よけ」の効果が指摘されているが、同時にその目的は、うまみ成分を多く含む茶葉をつくることにもあった。また覆いの材料には大量の葦《あし》や藁《わら》が使用されたが、葦は近くの巨椋池《おぐらいけ》から、藁は周辺の田地から採取するなど、宇治近辺で容易に手に入れることができるものを活用していたのである。

さらには茶臼にも改良が加えられた。中世の茶臼の目は縁《ふち》まで彫られていたが、近世以降は縁に平らな磨り合わせの部分を残すようになった。（三輪茂雄『臼』）これは、覆下茶園からつくられた茶葉・碾茶に対応するためであるとみられている。このような改良型茶臼は、茶臼の素材としては最上とされる地元産の「宇治石」で作られたのである。

以上のように戦国時代の宇治は、地域の環境に即した経営と生産の変革をおこない、宇治独自のお茶「抹茶」を生み出すことに成功した。その宇治産の「抹茶」が、将軍家をはじめとする「茶の湯」の担い手たちに支持されたことは周知のとおりである。

宇治は、独自のお茶である「抹茶」を生み出すことによって「日本一の茶所」として近世初頭の全盛期を迎えることができた。そこには創意工夫を重ね、その技を極めようとした茶業の匠たちの姿があった。その後の宇治の歴史だけではなく日本のお茶の歴史も合わせて考えると、この「抹茶」を生み出した宇治の茶業者たちの業績は、もっと歴史的に評価されてもしかるべきではなかろうか、という思いを強くするのである。

（橋本素子）

宇治川の今昔物語

淀川のどの部分を宇治川と呼ぶのだろうか。一九六五（昭和四〇）年の河川法施行時の告示文には、淀川の区間は琵琶湖の出口から大阪湾にいたるまでとされており、宇治川という名称は使われていない。告示文には、かっこ書きで「宇治川・瀬田川を含む」と添えられているが、具体的な区間の記述がされていない。通常、淀川のなかで宇治川と呼ばれるのは、滋賀県と京都府の境付近から、京都市伏見区の淀までの約三〇キロメートルの区間とされている。

宇治川の地名は、『宇治市史』によれば、三方を山に囲まれた奥まった地形であることから、ウチ（内）という意味に由来するとされる。『日本書紀』では、「菟道河」と書かれており、吉田金彦氏は「菟道」の文字が一番多く古くから使われていることから、「ウ（諾・宜）なる道、すなわち一番いい道」という意味のウナミチ（諾道）が語源ではないかと説明している（『京都の地名を歩く』）。

人それぞれに人相があるように、川にも河相というその川らしい表情がある。宇治川の特徴を三つ挙げるとすれば、一点目は、大きな変化を重ねてきたこと、二点目は、世界遺産を抱える景観のすばらしさ、そして最後は豊かで清らかな水であろう。この項では、宇治川のプロフィールを紹介していきたい。

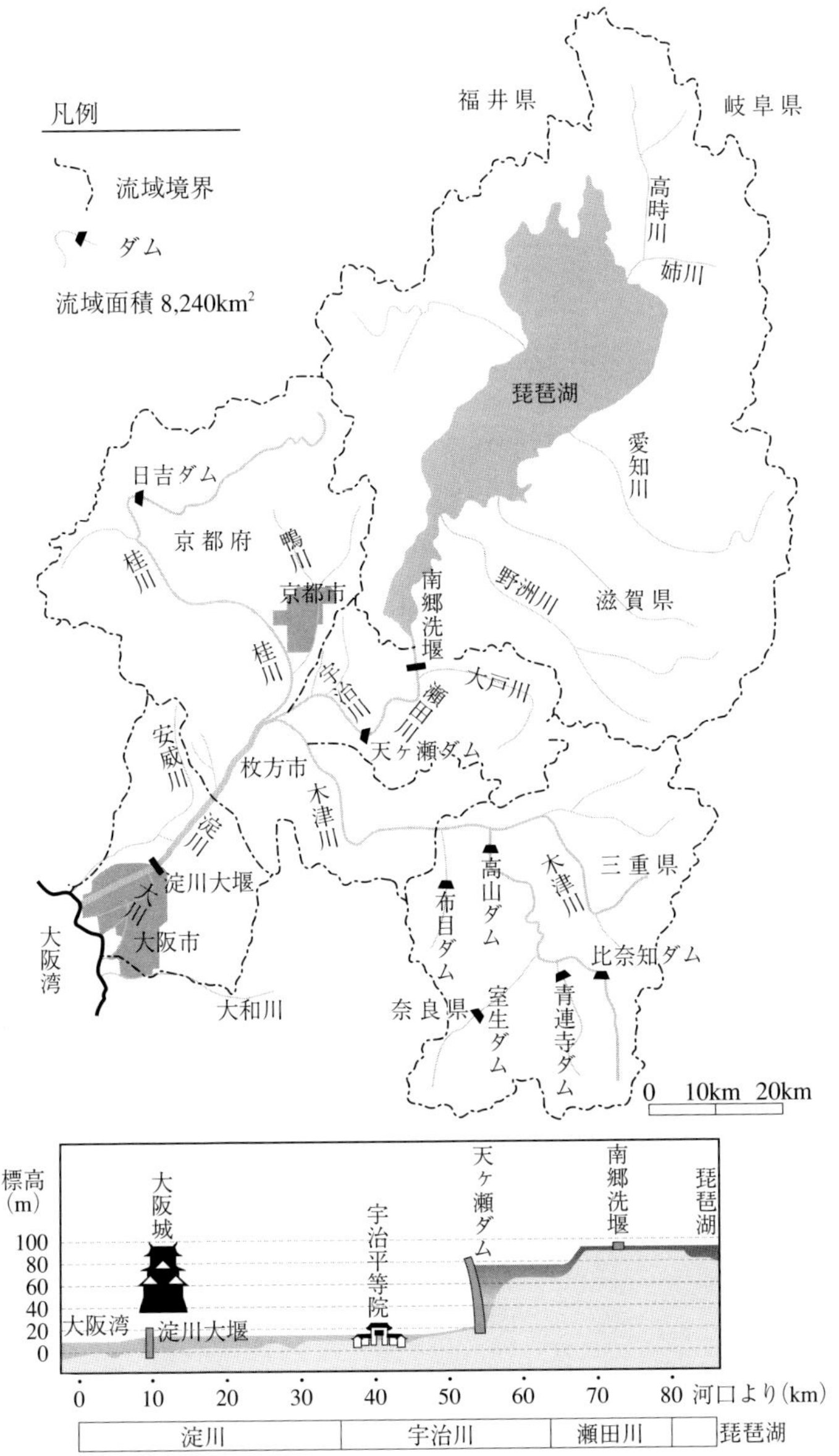

淀川流域図・宇治川の縦断図

変化を重ねる宇治川の不思議

急流・宇治川の誕生　宇治川の特徴のひとつは、自然の営為や人為により大きな変化を重ねてきたことである。山砂利で知られる宇治・城陽東部の丘陵地帯の地層から判断すると、今からおよそ百五十万年前は、琵琶湖から流れ出る瀬田川は、城陽を経て枚方方向へ流れていたという。高度成長時代の建設工事を支えた城陽の山砂利は、じつは川砂利だったのである。この頃の宇治川は、琵琶湖とつながっておらず、上流部の流路が短い小さな川であった。その後、奈良側が隆起し、京都側が沈降したため、流れが北側へと変わり、現在の宇治川へ流れるようになった。琵琶湖と宇治川の標高が約七〇メートルも差があり、宇治川の流れが急なのは、このような歴史的背景によるものである。

時代は下り平安期には、桂川《かつらがわ》・木津川《きづがわ》・宇治川の三川とも巨椋池《おぐらいけ》に流れ込み、大きな遊水池となっていた。宇治川は、宇治付近を過ぎてすぐに巨椋池に合流しており、淀付近までは河川の形状はなかった。

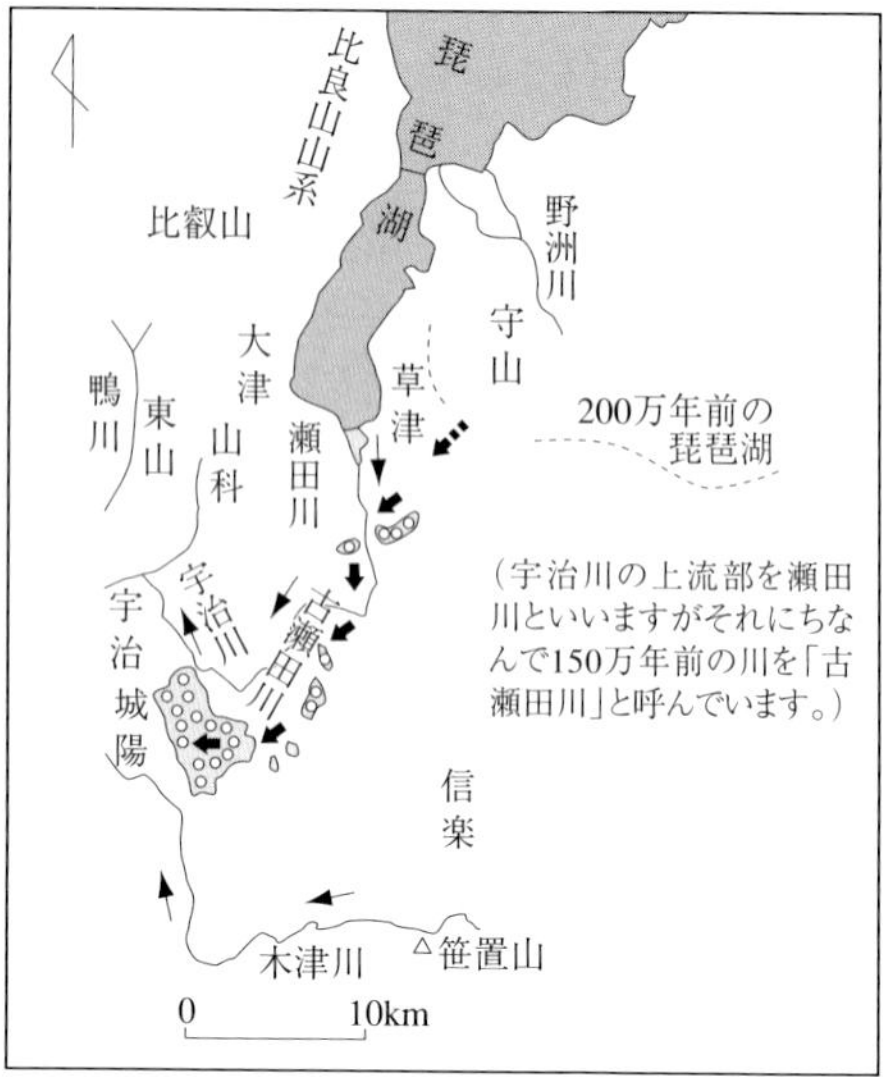

昔の宇治川の流路
(『新京都五億年の旅』より)

豊臣秀吉の治水　人の手によって宇治川が大きく変化するのは、豊臣秀吉の伏見城築城にともなう宇治川の付け替え工事がはじめてであった。現在の宇治から伏見間の宇治川の流路は、この時の改修で形成されたものである。秀吉は、築城にあたり、巨椋池の水深が浅く、材料の運搬に不便であったことから、文禄三（一五九四）年に巨椋池に浮かぶ数々の島を結び、槇島《まきしま》から向島《むかいじま》付近まで堤防を築き、巨椋池に分散していた宇治川の流れを遮断し、伏見に豊かな水量を引き寄せた。また、巨椋池に堤を造成して新たな大和街道を設置し、宇治川に新たに豊後橋《ぶんごばし》（現在の観月橋《かんげつきょう》）を架けた。この時から、かつて奈良と京都を結ぶ幹線であった宇治の役割が伏見に移ることとなった。

宇治川の付替えと巨椋池干拓　その後、一八八五（明治一八）年に起こった洪水により、宇治から伏見間の左岸堤防が三カ所決壊し、下流の枚方市内の淀川左岸でも大きな水害が発生した。また、一八八九年にも琵琶湖岸で大規模な冠水が発生するなど、淀川全体の改修工事が必要となった。

一八九五（明治二八）年に、沖野忠雄氏により改修計画が策定され、翌年から一九一〇（明治四三）年にかけ本格的な淀川改良工事がおこなわれた。一連の工事により、南郷洗堰《なんごうあらいぜき》が設置され琵琶湖の流出量が調整され、宇治川が大きく付け替えられ、巨椋池と完全に分離された。巨椋池は、宇治川と切り離されたために、池の水位低下が進み水質が悪化し、魚も捕れなくなり、マラリアも発生したという。そのため、農地への転換を願う地元住民の声が起こり、一九三三（昭和八）年に干拓事業が着工され、一九四一年に完成した。

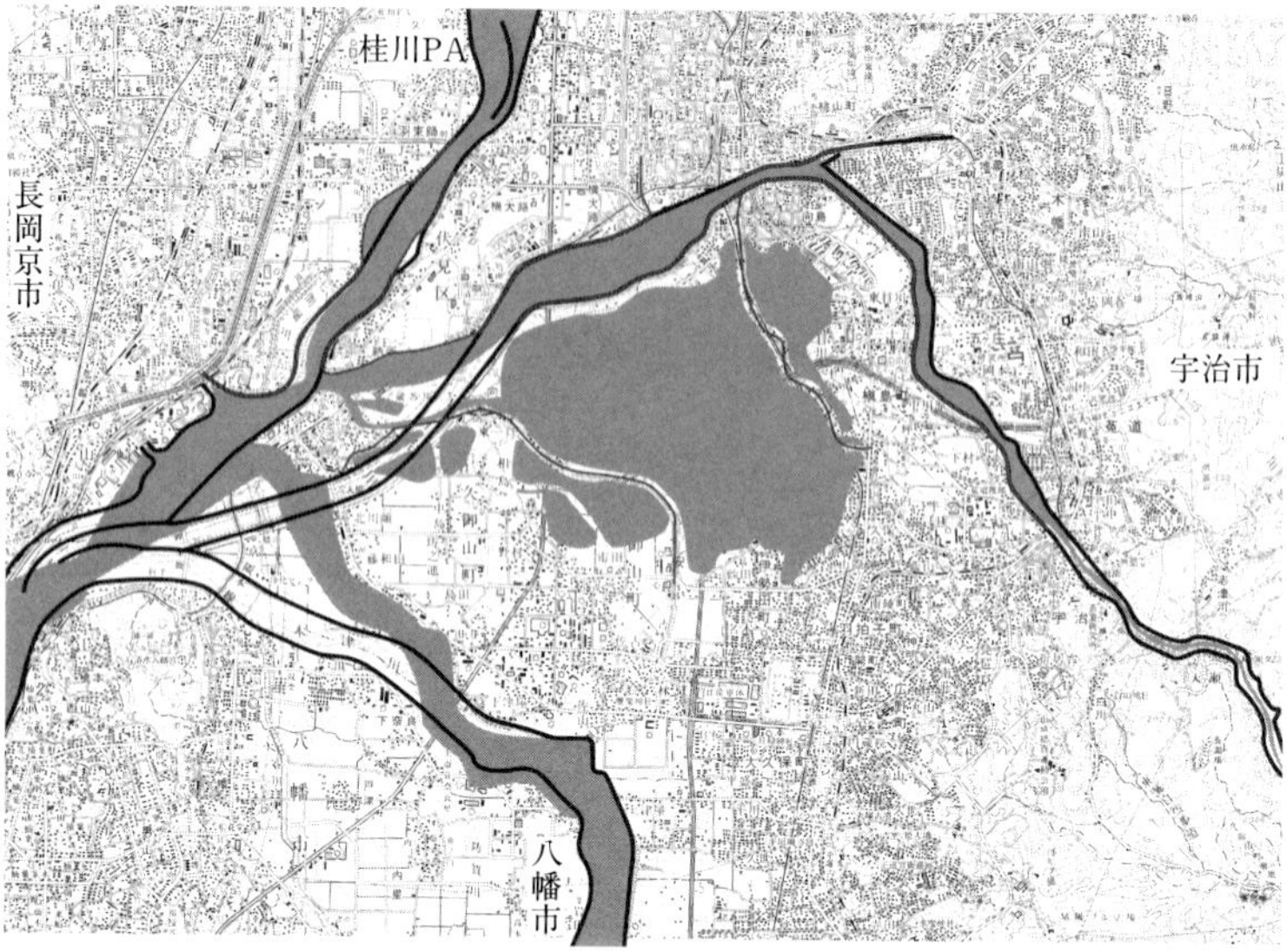

1596年秀吉による工事後の宇治川（淀川資料館資料より）

1910年淀川改良工事完成時の宇治川（淀川資料館資料より）

世界遺産を抱える景観

平安時代には、宇治は貴族の別業の地となり、浄土教の普及とともに極楽世界ともみられるようになったという。世界遺産の宇治上神社と平等院は、いずれも平安時代後期の建築で、宇治川をはさんで、現世と浄土が対面するように設計がされたと推定されており、宇治川も含めた一体的な景観そのものが世界遺産として評価されたと考えられる。ここでは、宇治川との関わりがとりわけ大きい平等院と宇治橋についてみていきたい。

宇治平等院絵図屏風（部分）（平等院蔵）

宇治川と平等院鳳凰堂　平等院の創建当時は、宇治川対岸からその姿が望まれていたようで、宇治川の堤防は現在のように高くなかったという。平等院は、宇治川のもつ自然の地形を巧みにとりいれて作られ、鳳凰堂のまわりの阿字池《あじいけ》は人工的に掘られたのではなく、宇治川の氾濫や土砂堆積のなかで残された所を利用して作られたと考えられている。描かれた景観年代は定かではないが、「宇治平等院絵図屏風」には、阿字池と手前の宇治川の間に高い堤防はなく、自然の岩場のようにみえる。
従来は、宇治川から直接、阿宇池に取水されており、宇治川の水位と連動して、池の水位も上下していたという。洪水時には、水上に浮かぶ鳳凰堂であったという。図にみられるように、鳳凰堂の両側の建築物は、下部が柱と梁のみの高床式（いわゆるピロティ様式）になっており、宇治川が氾濫した際に水害を避ける工夫がされている。同様の工夫は、桂川沿いの桂離宮の書院にもみられ、自然と一体となった川とのしたたかなつきあい方の工夫に教えられることが多い。

宇治橋と三の間の水　宇治川のランドマークのひとつが、宇治橋である。橋寺に残る宇治橋断碑《だんぴ》によれば、大化二（六四六）年に奈良元興寺《がんごうじ》の僧侶道登《どうとう》により架橋されたと伝えられている。平安時代なかば以降は、同じ淀川に架かる勢田橋（瀬田唐橋）・山崎橋（現存しない）とともに三大橋に数えられている。

宇治橋といえば、三の間がその象徴である。三の間とは、宇治橋西詰から三つめの柱間に設けられた張出しのことで、茶の湯との深い関わりをもっている。永禄八（一五六五）年に松永久秀が千利休らを招いて催した茶会で、宇治川の三の間の水が用いられたことが初見である。宇治橋東詰の通圓茶屋《つうえんぢゃや》には、水を汲みあげるために豊臣秀吉が千利休に命じて作らせたと伝えられるつるべが今も大切に保存されている。
中国の唐代の文人陸羽《りくう》が書いた茶の専門書『茶経』には、「瀑しく湧きたつ水が急流をなして流れる水や、谷間にへだてられ澄みたまった水は飲んではならない」とされている。三の間の水は、宇治川の中央部の急流と、川岸のよどんだ水を避け、ほどよいところから汲み上げた、茶を煮てるのにふさわしい名水なのである。

現在の宇治橋は、一九九六（平成八）年に京都府により架け替えられた。架け替えに際して、宇治橋の歴史や周辺の景観を損なわないデザインとするため、一九八七（昭和六二）年に「宇治橋改築計画検討委員会」が設置され、様々な提案がされた。特に話題となったのは、橋脚の数である。河川管理上の基準では、宇治橋規模の長さの橋では、橋脚の数は四以下にするのが一般的であったが、具体的な模型で実験をおこない、河川に対する支障がないことを確認したうえで、六列の橋脚が採用された。そのほかにも、三の間や擬宝珠《ぎぼし》が継承され、高欄には国産の檜《ひのき》材が使用されるなど、従来の木造橋のイメージを損なわない数々の工夫がされている。

豊かなで清らかな水

宇治川のもうひとつの特徴は、豊かで清らかな水である。桃山時代前後から流行した「柳橋水車図屏風」には、黄金色の宇治橋のたもとに、大きな柳の木と水車が描かれている。「柳・橋・水車」は、豊かで清らかな宇治川が流れる宇治の代表的なイメージを表している。

失われた宇治の川瀬の水車

「宇治の川瀬の水車　なにとうき世をめぐるらう」

これは、室町小歌を集めた『閑吟集』（一五一八年）に詠われたものである。宇治川の川瀬に並ぶ水

今はなき宇治の水車（宇治市歴史資料館蔵）

車の景観は風物誌のひとつであった。

兼好法師の『徒然草』には、後嵯峨上皇の仙洞御所（亀山殿）に大井川から水を引くための水車がうまく作れなかったので、古くから水車を作っていた宇治の村人を呼び寄せたら、やすやすと作ることができたという話がある。一四世紀のはじめには、宇治には揚水水車を作る技術があったようである。その後、近世になると、宇治から淀の水車が有名になる。河村与三右衛門により、天正一四（一五八六）年に作られた大小二台の揚水水車はとりわけ有名で、『都名所図会』をはじめ数々の絵画や歌の題材となった。当時の淀は大阪と京都を結ぶ水上交通の要所であり、水車の前を三十石船に乗って行き来する多くの人の目にとまり、その後の日本の水車普及に大きな影響を与えたという。宇治川から水車が消滅する直前の一九〇〇年から一九一〇年ごろまでは、宇治から淀にかけて、灌漑用の揚水水車が二〇〇以上もあったという。

名水番付に登場する宇治川

享和二（一八〇二）年に作成された『都名水《みやこめいすい》視《み》競《くらべ》相撲《ずもう》』には、二百カ所にもおよぶ眺望にすぐれた京都の名水が番付けされている。そのなかに、宇治に関係する名水が六つも位置づけられている。「巨椋入江《おぐらいりえ》」、「米炊水《こめかしのみず》」（米浙とも）、「高浄水《こうじょうすい》」、平等院の「阿字池」、「阿弥陀《あみだ》水《すい》」、「法華水《ほっけすい》」である。「米炊水」は、天ケ瀬《あまがせ》ダム上流付近の宇治川の水のことで、米を研ぐ時のように泡だった激流であることから名づけられたものである。番付に掲げられた水にちなんだ数ある名勝のなかで、河川にまつわるものは宇治川のみである。

宇治川の豊かで清らかな水は、日本最大の湖・琵琶湖のおかげである。琵琶湖は、その流域面積が約三八四八平方キロメートルで、淀川流域の約四二パーセントを占め、貯水量は約二七五億立方メートルの巨大な湖沼である。琵琶湖には、約五百におよぶ多くの河川が流入するが、流れ出る河川は宇治川へつながる瀬田川一本のみである。そのため、宇治川は安定した豊かな水量をもつという特徴がある。この豊かな水量が着目され、琵琶湖疏水による日本最初の水力発電に成功した高木文平氏らにより、宇治川電気株式会社が設立され、宇治は昭和初期の水力発電の中心地となった。

今では、宇治の川瀬の水車や「米炊水」は姿を消してしまったが、豊かで清らかな宇治川の水は、天ケ瀬ダムや喜撰山ダムにより発電や水道水に利用されており、流域住民の生活を支えつづけている。

（大滝裕一）

宇治川の景観

景観を考えるうえで、その地域のもつイメージを知ることは重要である。なぜなら、景観は人によってつくられ、壊される場合が多く、人びとがいだく地域イメージはこの行為を左右させることになるからである。それでは、人びとは宇治をどのように捉えていたのであろう。

平安時代、宇治のイメージは浄土の地であった。紫式部が記した『源氏物語』の最後を飾る舞台が宇治であることも、この地に浄土を求めた貴族たちの思いを反映しているのかもしれない。この物語は、宇治の地を後世に伝えるうえで、重要な役割を果たしている。『源氏物語』は貴族や武家の教養書として読み継がれ、貝合せや硯箱、重箱などの工芸デザインとしても今に伝えられているのである。貝合せをする女たちが「私にも月を招き寄せて欲しい」、「浮舟のように舟遊びを楽しみたい」などと談笑する姿が目にみえるようである。『更科日記』を書いた菅原孝標女も、宇治川を渡るときに「浮舟もこのようなところにおいでになったのだなあ」と感慨にふけったという。

宇治を語れることは知識人としての心得だったのであろう。そのためにも、一目で宇治を伝える必要が生じ、桃山時代には「柳・橋・水車」が宇治を表現するデザインとなった。加えて、江戸時代には、宇治橋の三の間が広く知られ、多くの絵画に描かれている。千年の時の中で、宇治の地域イメージは人々に浸透し、宇治橋から上流の景観が開発から守られることにつながった。

三つの景観騒動

宇治川での最初の開発は水力発電所の建設であった。水力発電の計画は、一八九四（明治二七）年から始まる。京都・大阪・滋賀・東京の発起人から計画書が出され、明治政府の誘導で計画が一本化され、宇治川電気株式会社として発足した。一九〇八年に工事が開始され、一九一三（大正二）年に完成した。計画から完成までの約二十年間に、周辺の町村から提出された上申書等を読むと、当時の人たちが宇治川をどのように見ていたかを知ることができる。

一八九六（明治二九）年に宇治町長他が「瀬田川の上流で引水する計画では、宇治川の減水によって名勝宇治の風致を損なうおそれあり、また、宇治白川浜を拠点とする舟筏の便も失われる危険もある」と、京都府知事あてに上申書を提出している。一九〇六（明治三九）年には、笠取村（現在の宇治市笠取）の村長から「池尾における地下水路計画が、井戸水・池水の渇水をもたらす」ことを危惧する申し出があり。同年に志津川の漁民から「宇治川の水量減によって数百年来の鮎鰻漁業が打撃をこうむり、二十余戸の漁民は糊口に差支える」との請願もあっ

宇治橋蒔絵硯箱（個人蔵）

た。一九〇七年に宇治町助役から出された請願書には、「仏徳山は保安林であり、伐採されることで風致を損なう恐れがあるときは、不認可としてもらいたい」などと書いてある（『宇治市史』第四巻）。

このような意見をふまえ、京都府知事は一九一一（明治四四）年に「本事業によって、周辺の風致を損なう、又は損なう可能性がある時は、事業の許可を受けたものが植樹などの適切な処置をすること」との文言を命令書に加えた。これを受けた宇治川電気株式会社は、林学博士である本多静六氏らの意見を聞き、調整池築造や鉄管敷設工事によって裸地となった土地に、在来種である赤松、椎、樫などを植樹し、景観の保全を行った。このことにより、完成からわずか二年後の夏には樹木が覆い、鉄管などは見えなくなった。今では、宇治上神社と興聖寺の間に宇治発電所があることすらわからない。

近年の開発にかかわる騒動としては、高層建築が上げられる。一九九六（平成八）年、一五階建ての高層マンション二棟が平等院の借景に入り、景観に悪影響を与えているとマスコミ各社が報道した。今後、このようなことが起きないように宇治市は、「豊かな自然と歴史的環境に調和した個性的ですぐれた都市景観を保全・育成することなど」を目的とした『宇治市都市景観条例』を二〇〇二（平成一四）年三月に制定。さらに、翌年三月に宇治市都市景観形成基本計画を策定している。この取組みが功を奏し、二〇〇四（平成一六）年六月に宇治橋通に高さ二〇メートル、長さ一〇〇メートルの巨大マンション計画が持ちあがった際、建設予定地に三基のアドバルーンを上げ、平等院など一二カ所から目視による調査を行っている。数カ所からアドバルーンが確認されたため、マンションの建築計画の一部を変更することとなった。マンションの階数が下げられただけでなく、七階部分のひさしを瓦調とし、色彩にも配慮がなされた。町内会、景観保全団体、宇治市などが連携した結果といえよう。

そして今、宇治川の亀が干あがるとの論議が起きている。宇治橋から一キロほど上流の川の中にある「亀石」が、川の水位が下がることで、陸に上がるというのである。ことの起こりは、琵琶湖からの放水量を、現在の毎秒八〇〇トンから一五〇〇トンに増加しないと、琵琶湖の周囲が洪水になるとの想定から、放流しても宇治が水に浸からないように、河床を約三メートル掘り下げる案が国土交通省から示されたことである。宇治川の景観を守るために様々な検討がなされ、現在は締め切り堤を残し本川の河床を八〇センチ掘り下げる案や、トンネル分水路を整備する案などが示されている。いずれにしても、宇治川の景観を守るために、十分な議論が尽くされることを願っている。

平等院の背後に見えるマンション

江戸時代の宇治川の景観

景観を守るために、無秩序な開発に一石を投じてきた宇治。景観の変遷を『宇治川両岸一覧』の絵図からたどってみたい。

宇治橋周辺の景観を文久三（一八六三）年当時と比較すると、概観には大きな変化がないことに気づく。この理由は、景観を構成する線に変化がないためである。左岸を見ると、宇治橋の斜線と宇治川の横線で構成されており、全体のポイントを締める場所に通圓茶屋がある。これらの線と点は、現在の京阪宇治駅から見る景観と同じである。

細部をみていこう。寛文一二（一六七二）年に建てられたと伝わる通圓が、全体に落ち着きを与えている。対岸に描かれているのは平等院と民家。民家は瓦屋根で、その中に文人たちも泊まった菊屋の文字がみられる。川沿いには、江戸中期にはなかった護岸が造られ、菊屋や材木屋などの家屋が川側に建て増しされている。川に目を移すと、何艘かの柴舟《しばぶね》が宇治橋の下を通っている。帆掛け舟もみられる。舟を操っているのは二人の船頭。今は舟運をみることはないが、昭和の初めまでは二十石の淀舟が、宇治橋西詰北側の宇治浜と興聖寺浜まで就航し、上りは屎尿や塩などを宇治まで運び、下りは竹や柴、炭などを運搬していた。三の間で知られる宇治橋の高欄には擬宝珠がみられない。

右岸を見ると、宇治橋の斜線と宇治川の横線など構図は左岸と同様である。現在との建築様式の違いが目につくが、当時から大きな変化はみられない。橋の上流には、橋寺や宇治神社などが並ぶ。今は、社寺の周囲に民家が建てられ雑然としている。橋の下流側の集落は、瓦屋根だけの左岸と異なり、茅葺き屋根も見られる。宇治川を挟んで、住環境に違いが生じているように思える。

右岸と左岸の違いは、山にもみられる。左岸側には高木の松が多く描かれているのに対して、右岸側は松ではなく、樹高の低いかん木のようである。一部は斜線で描かれており、樹木すらないようにも見える。対称的に、宇治上神社よりも上流の山々は松で覆われている。また、社寺や民家の裏には竹林が描かれていることも特徴のひとつである。

低い樹木で描かれている一部は、茶園であろうと推察される。一八八八（明治二一）年に大日本帝国陸地測量部が測量した『仮製地形図』には、仏徳山の山裾に茶園があったことが記されている。この地図によると、明星山などの植生は松であるが、江戸時代は宇治川周辺の山々も京都市内の山と同様に、はげ山であった可能性も否定できない。一八八一年から一八八四年にまとめられた『京都府地誌』

によると、木幡《こはた》村（現在の宇治市木幡）などには、御蔵山林に松二万五二三〇本と記載されているのに対して、莵道《とどう》村（現在の宇治市莵道）には郷ノ原山の説明はあるが、松が何本などの記述はみられない。このように、宇治橋周辺の景観は、現在と多少の違いがあるものの、江戸時代の面影を伝えている。

しかし、豊後橋《ぶんごばし》（現在の観月橋）周辺では事情が異なる。豊後橋の上下流には堤防が造られただけでなく、鉄道や道路による新たな導線が生まれ、川沿いに昔の面影はない。また、江戸時代とは形状の異なる橋と集合住宅が、近景と遠景を遮断している。江戸時代は、豊後橋も宇治橋と同様に風光明媚な地で知られていたが、今では美しいとはいいがたい。豊後橋の周辺は、宇治のように『源氏物語』や宇治橋の三の間などの地域イメージが、現在へと引き継がれなかった。このことが、両者に違いをもたらしたといえよう。

ところで、美しい景観とはどのようなものなのだろうか。景観の美しさには二つの基軸があると考えている。ひとつは、景観の連続性である。例えば、優美な平等院だけが雑然とした街中にあっても、美しいとはいえない。宇治川の流れ、川沿いの樹木、周辺の社寺などの連続性の中にある平等院であるから美を感じる。平等院までの参道で不似合いな看板や建物に違和感を受けるのは、景観の連続性を途切れさせるからである。

もうひとつの基軸は、時間の連続性である。宇治橋、社寺、老舗の茶屋だけでなく、石積護岸や水の流れなどの全てが連綿と続いてきた文化である。ひとつひとつに歴史があり、物語をもっている。その物語を聞くことができる景観こそが大切なのではないだろうか。

（鈴木康久）

参考文献

『宇治市史』全六巻、編集責任林屋辰三郎・藤岡謙二郎（宇治市、一九七三―八一年）
『宇治市史　年表』編集責任林屋辰三郎（宇治市、一九八三年）
『淀川百年史』（淀川百年史編集委員、一九七四年）
『宇治川』林屋辰三郎　吉村亨 若原英弌（光村推古書院、一九八〇年）
『宇治橋――歴史と地理のかけはし』秋山元秀（宇治市教育委員会、一九九四年）
『宇治橋――その歴史と美と』（宇治市歴史資料館、一九九五年）
『国土づくりの礎――川が語る日本の歴史』松浦茂樹（鹿島出版会、一九九七年）

『日本名所風俗図会 7　京都の巻I』竹村俊則編（角川書店、一九七九年）
『昭和京都名所圖會 7　南山城』竹村俊則著（駸々堂、一九八九年）
『都名所図会を読む』宗政五十緒編（東京堂出版、一九九七年）
『史料京都見聞記』駒敏郎・村井康彦・森谷尅久編（法藏館、一九九一年）
『京の名所図会を読む』宗政五十緒編（東京堂出版、一九九八年）
『源氏物語の世界――王朝文化への憧憬』（宇治市歴史資料館、一九九一年）
『京都の地名を歩く』（京都新聞出版センター、二〇〇二年）
『一遍上人絵伝』小松茂美編（日本絵巻大成別巻、中央公論社、一九七八年）
『古事類苑』飲食部（吉川弘文館、一九九八年）
『茶道古典全集』第九巻　千宗室編纂代表（淡交社　一九七七年）
『宇治茶の文化史』吉村亨（宇治市教育委員会　一九九三年）
『臼』三輪茂雄（ものと人間の文化史25、法政大学出版局、一九七八年）
『鵜飼――よみがえる民俗と伝承』可児弘明（中公新書、一九六六年）
『うなぎの本』松井魁（柴田書店　一九七七年）
『すしの本』篠田統（岩波現代文庫、二〇〇二年）
『和辻哲郎随筆集』坂部恵編（岩波文庫、一九九五年）

写真・資料提供：宇治市観光協会、宇治市歴史資料館、萬福寺、平等院、松本節子氏
※なお、本文中とくに断りはないが、掲載図版の絵はがきはすべて宇治市歴史資料館の所蔵である。
※本書籍の出版については、（財）河川環境管理財団の河川整備基金の助成を受けた。

あとがき

私たちの身近に流れる川は、人との関わりのなかで独自の文化を育んできた。なかでも宇治川は、特別な川といえよう。それは、大化二（六四六）年に宇治橋が架橋されたことを記す宇治橋断碑などの様々な記録が残っていること、『源氏物語』など多くの文学の舞台であったこと、鰻の宇治丸などの独自ブランドなどの宇治川固有の特徴にあわせて、春のさくらまつり、夏の花火や鵜飼い、秋の茶まつり、冬のマラソンなど四季を通じて多くの住民に親しまれていることである。

人が集う川は、その川にふさわしい景観を生みだす。景観は、単に形状ではなく、文化から語られるべきである。そこで、本著では、宇治川の景観の変遷について、文学や史実、生業などの文化的な側面から明らかにすることを試みた。江戸後期の地誌『宇治川両岸一覧』の絵図を読みとき、その図絵と大正・昭和初期の絵はがき、そして現在を比較できるようにまとめた。また、宇治を語るうえで欠かせない、お茶や漁業などについても記している。今を生きる私たちは、これらの宇治の文化を、点ではなく、面として次世代へ引き継ぐことが求められおり、その一つが景観の保全である。幸いなことに、現在、宇治橋から上流については、国指定の重要文化財に当たる「重要文化的景観」の選定に向けた動きが始まっている。この選定に際して、本著がその一助となることを願うとともに、より多くの方々が、宇治川の物語に耳を傾けていただくことができれば、これに勝る喜びはない。

最後になるが、本著の執筆に際して、御指導・御協力いただいた老舗の御主人、観光ボランティアガイド、寺院の関係者などすべての方々に、この場を借りて御礼を申し上げるとともに、本著を世に送り出してくれた人文書院の伊藤桃子さんにお世話になったことに感謝を申し上げたい。

二〇〇七年五月

編者代表　鈴木　康久

執筆者略歴（50音順）

★印は編者

鈴木康久（すずき・みちひさ）★
1960年京都府生まれ。京都府職員。カッパ研究会世話人。琵琶湖・淀川流域圏連携交流会代表幹事。『もっと知りたい！水の都　京都』（編著、人文書院、2003年）、イギリスの農村地域における景観・自然保護施策」（『農業と経済』 2006年5月号）、『日本とアジアの農業・農村とグリーン・ツーリズム』（共著、昭和堂、2006年）など。

西野由紀（にしの・ゆき）★
1971年大阪府生まれ。龍谷大学・摂南大学非常勤講師。専門は日本近世文学、情報出版学、図像解釈学。『京都名所図会　絵解き案内』（共著、小学館、1997年）、『都名所図会を読む』（編著、東京堂出版、1997年）、「鏡の中の鼻――『名所図会』の挿絵に美人はいるか」（『國文學論叢』第50輯、龍谷大学國文學會、2005年）、「先達はあらまほしき――『名所図会』と旅人」（『國文學論叢』第52輯、龍谷大学國文學會、2007年）など。

◆

大滝裕一（おおたき・ゆういち）
1959年京都府生まれ。京都府職員。カッパ研究会世話人。「川の日」ワークショップ全国実行委員。『もっと知りたい！水の都　京都』（編著、人文書院、2003年）、『京都地名検証』（共著、勉誠出版、2005年）、『京都地名検証2』（共著、勉誠出版、2007年）など。

加納伸晃（かのう・のぶあき）
1956年愛知県生まれ。京都府職員。カッパ研究会世話人。『もっと知りたい！水の都　京都』（共著、人文書院、2003年）など。

小嶋正亮（こじま・まさあき）
1960年大阪市生まれ。宇治市歴史資料館にて、歴史資料の調査・展覧会の開催などに従事する。『幕末・明治京都名所案内』(2004年)、『写真展　昭和の子どもたち』(2006年)（以上、特別展図録、いずれも宇治市歴史資料館）、『宇治文庫9　宇治の道　旅人と歩く』（宇治市歴史資料館、1998年）。

橋本素子（はしもと・もとこ）
1965年岩手県生まれ。日本中世史研究者。「中世における茶の生産と流通」（西村圭子編『日本近世国家の諸相』東京堂出版、1999年）、「室町時代農村における宋式喫茶文化の受容について」（『年報中世史研究』第27号，2002年）、「中世茶園について」（『年報中世史研究』第31号，2006年）など。

（写真撮影）
尾栢紀孝（おがや・のりたか）
1941年福井県生まれ、現在名古屋市在住。フォトクラブ「華陽」に所属して主にネーチュアな風景写真を撮っている。他に京都・奈良の仏像観賞が趣味。

下島一仁（しもじま・かずひと）
1964年京都生まれ。京都府職員。カッパ研究会会員。父親の手ほどきを受けて小学生の頃から写真を始め、京都市内で数回個展を開催。空と雲と水を得意分野とし、最近は舞台撮影に取り組む。フジカラーフォトコンテスト入選、長岡京市観光写真コンテスト入賞。

京都《きょうと》　宇治川探訪《うじがわたんぼう》
――絵図《えず》で読《よ》みとく文化《ぶんか》と景観《けいかん》

二〇〇七年五月二〇日　初版第1刷印刷
二〇〇七年五月三〇日　初版第1刷発行

編　者　鈴木康久／西野由紀（カッパ研究会）

発行者　渡辺博史
発行所　人文書院
〒612-8447　京都市伏見区竹田西内畑町9
電話075-603-1344　振替01000-8-1103

制作協力　㈱桜風舎
装　丁　上野かおる
印　刷　創栄図書印刷株式会社
製　本　坂井製本所

ISBN978-4-409-54074-9 C1039

http://www.jimbunshoin.co.jp/